西鉄時代の浜村孝（中央）と専修大学時代の門田豊重（後列左）

西鉄時代、サヨナラホームランを放って本塁に戻る浜村孝。
背番号50の左に見える人物が監督の中西太

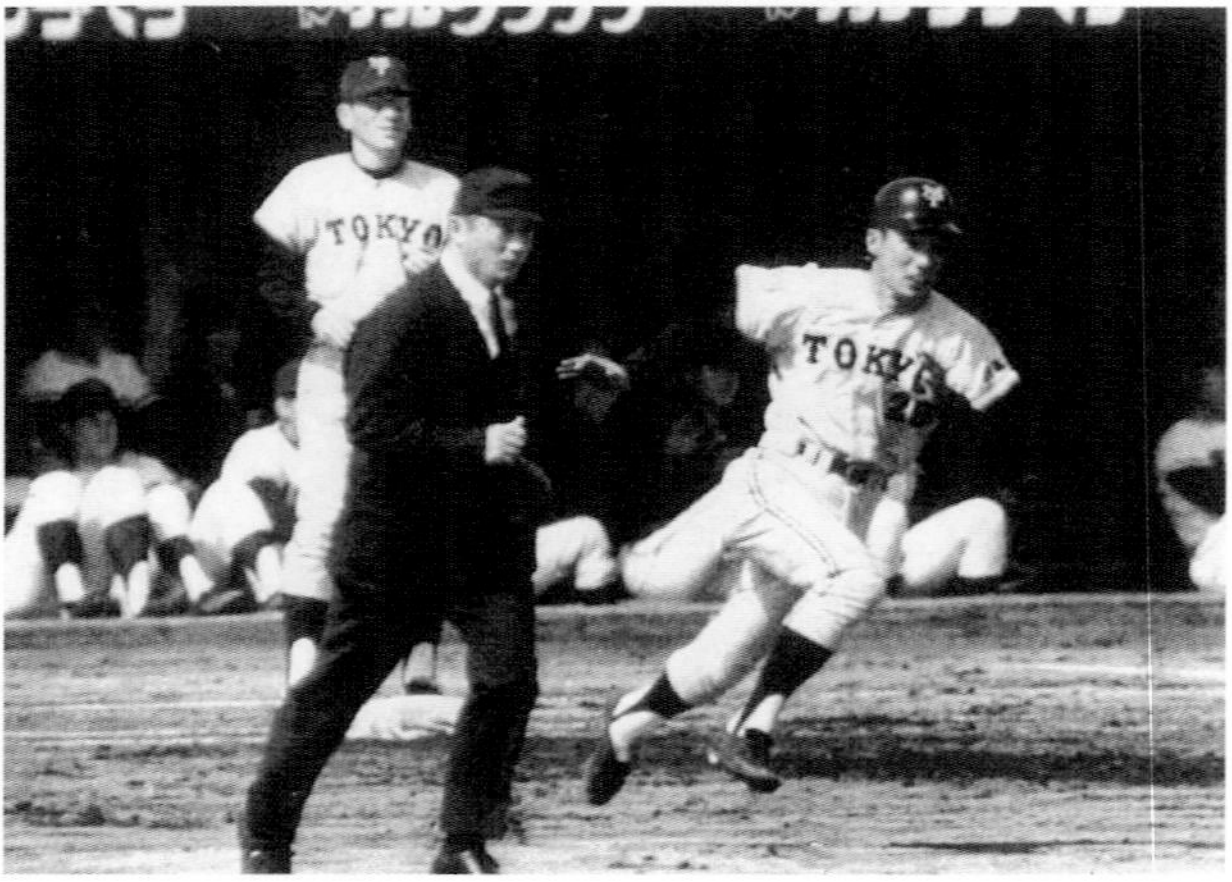

巨人時代、ヒットを放って一塁を回る浜村孝。後ろはコーチの国松彰

ロッテのコーチ時代、ノックバットを持つ浜村孝

LOTTE
89

門田豊重の「指導」を受けた小久保裕紀は、宇佐の門田石油にも来てくれたことがある。早速、日本一小さなガソリンスタンドで記念撮影。中央が小久保、右端が門田

1988年、ロッテのコーチに浜村が就任したことを祝う宴席に駆けつけた籠尾良雄（左）。浜村の球界復帰をわがことのように喜んでくれた

山と海に挟まれた宇佐の街（高知県土佐市宇佐町）

「性格が違うから仲がいい」と話す門田豊重（左）と浜村孝（土佐市宇佐町）

Marines

2011年、フタガミがガーデン事業を展開するときに作ったパンフの写真。
奥の左側が門田豊重、手前の右が二神昌彦

フタガミ会長の二神昌彦。マネーの世界から一歩離れ、自然や生態系のことを考えながら経営のかじを取っている

同じ中学から
プロ野球選手が６人、ドラフト１位が３人

白球黄金時代

門田豊重、浜村孝が語る高知県　宇佐野球物語

依光隆明　著

目次

中学にドラフト1位が3人

信じがたい話だが、プロ野球界を代表する4番バッターに打撃指導をした野球オンチが高知にいる。

指導した相手は、なんとあの小久保裕紀である。ダイエーと巨人というプロ野球を牽引する二つのチームで主将を担い、ホームラン王や2000本安打を達成したレジェンド的強打者。指導者としても卓越していて、日本代表チーム「侍ジャパン」の初代常設監督を務めた。その人柄も非の打ちどころがないといわれ、多くの選手、野球ファンに慕われている。

その小久保に高知のど素人がなにをどう打撃指導するのか。

指導した無謀男は宇佐にいる。

高知県で宇佐といえば土佐市宇佐町のことである。県中西部、陽光降り注ぐ海の街であり、かつてはカツオ一本釣り漁船の基地でもあった。街には潮の香りが満ち、そこここから元気のいい土佐弁が聞こえてくる。

元気な土佐弁を操る一人が、門田豊重。小久保に打撃指導をした男である。１９４７年生まれの73歳。宇佐漁港にあるガソリンスタンドを経営している。

ガソリンスタンドといっても日本一小さい、と門田は笑う。

「車が入れんがやき。車輪の一つは敷地に入っても、残り三つの輪は道路に出ちゅう。ガソリンスタンドができる敷地はないがです」

実はメインのお客さんは車ではなく船なのである。漁船に重油や軽油を供給している。陸から供給するのではなく、船から送り込む。そのための給油船を門田は持っていた。

おいおい語り述べるが、宇佐は野球どころである。

野球の盛んな高知の中でも有数の野球どころ。人口４２００人の小さな港町にもかかわらず、甲子園組はもとよりプロ野球選手も６人輩出している。

門田が宇佐中学校に通い始めたとき、宇佐の野球は黄金期を迎えようとしていた。門田は野球を全くやらないが、保育園時代から仲のいい同級生に浜村孝がいた。1年上には有藤通世がいて、食堂を営んでいた有藤のお母さんにはことのほかかわいがってもらった。1年下には山下司がいた。彼とも門田は親しかった。有藤、浜村、山下はのちにいずれもドラフト1位でプロ野球に入る。

有藤は高知高、近大を経て東京オリオンズ(現ロッテマリーンズ)に。浜村は高知商を経て西鉄ライオンズ(現西武ライオンズ)に。山下は伊野商を経て読売ジャイアンツ(巨人)に。小さな公立中の野球チームで同時期に汗を流した3人が、いずれもドラフト1位でプロ入りしたのである。

プロ入り後、浜村は西鉄から巨人にトレードされ、V9時代の戦列に加わった。三塁が長嶋茂雄、一塁が王貞治、浜村はショート。けがのため巨人在籍は2年だったが、一時は長嶋、王と黄金期のジャイアンツ内野陣を形成した。

前置きが長くなって申し訳ない。門田が打撃指導をした事件に触れるには、どうしても浜村のことを書く必要があるのである。

事件は新阪急のサウナで起きた

さて、門田がなぜ小久保の打撃指導をするに至ったか。

王貞治が監督をしていた時代、ダイエーは春・秋季キャンプを高知で行うことが多かった。王貞治といえば説明の必要もないだろう。1957(昭和32)年、決勝で高知商を破って春の甲子園で優勝。巨人に入って通算本塁打868本、三冠王、V9達成などなど、日本野球界を代表する国民的英雄である。引退後、1984(昭和59)年から5年間は巨人の監督を、1995(平成7)年から14年間はダイエー(のちソフトバンク)の監督を務めた。王ダイエーが高知市でキャンプを張っていたのは1995年から2003(平成15)年までである。

ある秋、門田と浜村は連れだって高知市の高知新阪急ホテル(現ザ　クラウンパレス新阪急高知）に足を向ける。地下のサウナに入ると、そこで汗を流していたのは一人だけ。なんと秋キャンプに来訪中のダイエー監督、王貞治だった。

浜村が振り返る。

「夜の9時くらいに門田とサウナに行ったんです。そしたら王さんが一人でおりましてね。30年ぶりくらいに会ったんですよ。『お前、田舎で魚の商売してるらしいなあ』って言われて。3人でサウナ風呂に入ったんです」

プロ野球界を離れたあと、浜村は宇佐に戻って浜村海産を営んでいる。ウルメやイカ、アジ、カマスを天日干しにして売っている。

「僕いろいろ聞きたいことあったから、サウナの中でバッティングの理論とか聞きよったんです。そしたら王さんと門田の意見が合ったんです。門田、ゴルフはやるからね。王さんもゴルフ上手でしょ、意見が合うわけですよ」

意見が合ったのは、スイングしたときにヘッドアップをしたらだめだということだった。あごを上げるな、ということだ。

「王さんは『ヘッドアップしたらいかん。振ったあと、口紅が肩に付くように』

という話をしてくれたんです」

スイングしたあと、右打者なら右肩に口が触れるくらい顔が動かないようにしろ。唇に塗った口紅が右肩に付くくらいになれ、と。

翌日、門田と浜村は高知市のスナックに入った。そこに小久保がいた。

「そしたら門田が『小久保、ちょっとそこへ立ってみい』と。小久保、4番バッターですよ、4番。ホームラン王取っとるんですから」

「その小久保をつかまえて『ちょっとバット振る格好してみい』。小久保はやったんですよ。立ち上がって。その小久保に門田が言うわけよ。『口紅が肩に付くように』と。前の晩、王さんに聞いた通りの話を」

なにせ前の晩のことだからよく覚えている。門田は王さんの言葉を忠実に、しかし自分の言葉として伝授した。

「小久保はグラウンドでいつも王さんの指導を受けゆうやいか。門田から同じことを聞いて、『この人はすごい』と。『王さんの理論と一緒や』と」

翌年、門田と浜村は県外へダイエー戦を見に行った。ゲームが終わり、小久保と食事に行った。

「そこでも門田は小久保に教えて。それを小久保は素直に聞くんですわ。『この人はすごい、王さんと理論が一緒やった』とゆうことで」

門田の言い分は「けんど小久保が問うてくるき」ということになる。

「小久保というのはすごく素直というかね」と門田が話す。「メシ食いよって、『ちょっときょうは打てませんでした』とか『きょうはだめでした』とか言うき。それで、『ちょっと立ってみぃ』言うたらすっと立てるがやき。『振れーっ』言うたら振らあねえ」

小久保、脇を締めていけ

まだ続きがある。ここからはまた浜村。

「小久保がジャイアンツにトレードされたんですよ。そのとき門田は甲子園に巨人対阪神を見に行っちゅうんです。試合前の練習が終わったとき、バックネット裏のスタンド席から巨人のヘッドコーチやった山本功児を『コージ、コージ』ゆうて呼んで……」

山本功児は巨人とロッテで活躍した強打者。ロッテのコーチ、監督を務めたあと2004(平成16)年に巨人のコーチとなっていた。翌2005年に一軍のヘッドコーチを務め、その年限りで退団。2016(平成28)年に亡くなっている。浜村も5年間ロッテのコーチをしたことがあり、山本功児はそのときの同僚だった。ちなみに小久保が巨人でプレーしたのは2004(平成16)年から3年間である。

「ロッテ時代、僕が守備コーチ、功児が外野コーチで、彼とは仲がよかったんです。その関係で門田も功児と親しゅうなって。甲子園のスタンドから『コージ、コージ』ゆうて呼んで。『小久保を呼んでくれ』と。ネット裏へね。やって来た小久保に、門田が『脇を締めていけ』」

当の門田はこう振り返る。

「呼んだところが『いやあ、来てますか』ゆうて来たがやき。ほんでこっちが言うたのが『脇が甘い』と。『きょうは脇を締めていけ』と言うたところが、たまあ2本、ホームラン打ったわえ」

再び浜村。

「僕はテレビ見てたんですよ。そしたら小久保がホームラン打って。こらあ門田から電話がかかるなと思うたらすぐ電話がかかってきた。『俺が言うた通りに打ったわや』と。そのとき2本打った」

さらに後日談がある。門田の話。

「それをどこで聞いたか、有藤さんが『おんしゃあ、プロ野球の4番バッターにいろんなこと言うなゆうてあいつに言うちょけ』ゆうて怒っちゅうと。でも有藤さんは僕にはひと言も言わんがやき、そんなこと」

野球経験者なら恐れ多いことでも素人は言える。門田本人も「野球を知らんからえい。野球を知っちょったら口をきけんような人にも平気でものが言える」と話す。が、浜村からすると怖いものなしの門田が怖い。

浜村が頭をかく。

「有藤さんに僕が怒られてねえ。『あの馬鹿に言うちょけ』と。『プロ野球の４番バッターに教えるもんがあるか、ソフトボールもできん男が』ゆうて」

門田豊重はこのような男である。怖いものなしの門田を軸に、これから宇佐と野球の話を書いていこうと思う。どんな方向に話が進むか分からない。いわば門田の気の向くまま、門田の気分次第である。いや、筆者の筆にしてもどこをどう進むか分からない。野球の話が多いので、親友の浜村にも助けてもらうことにする。浜村の話も宝の山である。

煩雑なので敬称は略させていただく。もう敬称略で書いているが。

海のＤＮＡが体を培った

門田が入った当時、宇佐中学校の男子運動クラブは野球部と相撲部しかなかった。人気があったのは相撲部だったが、野球部も強かった。

強い秘密の一つは海である。宇佐の街は宇佐湾に面している。宇佐湾には砂浜が多く、子どもたちは砂を踏みしめて浜を駆け回った。小学生になるとそこでソフトボールをした。４〜６年生が一緒にやるから、４年生は上級生にもまれて鍛えられる。砂浜が子どもたちの足腰を強くしてくれた。

浜村が言う。

「おかげさまで浜がありましたからね。砂浜で、町内対抗でソフトボールしたり。小さいときからそれが非常に僕らの役に立ちましたねえ」

宇佐湾の向こうは広ーい土佐湾であり、その向こうには無限の太平洋が広がっていた。当然、産業といえばなにより魚である。中でもカツオは藩政期から宇佐の屋台骨となっていた。カツオを釣り、カツオ節にし、移出した。

１９７８（昭和53）年刊の『土佐市史』は、１８４０（天保11）年に土佐藩で釣られたカツオ約２００万本のうち13％が宇佐の漁獲だったと記している。カツオ節の加工に関しても宇佐の先進性を記載していて、おそらく紀州の漁師の教えを受けた宇佐の亀蔵、佐之助が藩政後期に現在のカツオ節を完成させた、と書く。当時、カツオ節は宇佐の一大産業だった。

以下、同書から引用する。

〈鰹釣船に各直結する節製造場には、その中心となる本納屋番を中心に約四人の常勤の男（いけ納屋番）、それを補助する七、八人の日雇いの上節作り（しちくり）の男、さらにばら抜き等に女子三、四十人が働く。こうした仕事場が三十もあったので、ずい分に多くの人が仕事をえたことになる〉

カツオは海にこぎ出さないと獲れない。海は気まぐれにうねり、荒れる。人をのみ込む大海原に、宇佐の人々は昔々から小さな船でこぎ出していた。

藩政期のカツオ漁について、同書は〈残念ながら記録がほとんどない〉と記している。ただしカツオ船の数は収録している。それによると、弘化年間の１８４５年ごろ宇佐にあったカツオ船は42隻。１８８６(明治19)年の調査では、〈大型鰹漁船五十五艘〉。

同書は１８０７(文化４)年の土佐藩の資料に〈水主不足を反映して、乗組人員を18人以下とすることを命じ〉とあることも紹介している。ということは、１隻当たり20人近くが乗り組むカツオ船が多かったと思われる。時代は下るが、同書には明治期のカツオ船の様子が載っている。それによると櫓を五つ、櫂を三つ備えた全長9メートルの木船に約20人が乗っていたらしい。餌は昔も今も生きたイワシ。黒潮の縁辺にまでこぎ出し、カツオの群れを探した。

現在のカツオ節が宇佐でつくり上げられたことを記念する碑
(高知県土佐市宇佐町)

生き抜く鍵はアホウドリ

藩政後期に漂流して米国に渡り、幕末維新に活躍するジョン万次郎（１８２７〜１８９８）も、乗り組んでいたのは宇佐のカツオ船だった。２丁櫓（櫓が二つ付いているという意味）の木船で、船の長さは８メートルほどだったらしい。

カツオがいない冬場、カツオ船はサバのはえ縄漁をしていた。長い縄を海面に這わせ、一定間隔で縄から垂らした数十本、数百本の釣り糸、釣り針で魚を釣るのである。ジョン万次郎は土佐清水・中浜村の子ども（今でいえば中学生）だったが、地元に来た宇佐のカツオ船に頼み込んで乗り組んだ。役目は炊（かしき）、つまりメシ炊き係である。万次郎以外の４人はいずれも宇佐の男だった。

１８４１（天保12）年１月、５人が乗ったカツオ船は宇佐からはえ縄漁に出航する。翌日は佐賀(現黒潮町)沖、翌々日は土佐清水沖ではえ縄漁をした。3日目の朝、大サバ10本を釣ったところで天候が急変する。大波で舵が壊れ、北西の強風にあおられるまま船は流された。室戸岬を見、紀伊半島を見、黒潮に乗って船は漂流し続けた。やっと上陸したのは伊豆諸島の一つ、絶海の孤島ともいえる鳥島である。奇しくもこの島は56年前に岸本(現高知県香南市)の漁師、野村長平(1762ごろ~1821)がたどり着いた漂流伝説の島だった。

長平は1785(天明5)年1月、赤岡(現香南市)から県東部の田野、奈半利に御蔵米を届けた帰路に遭難、鳥島にたどり着いて12年あまりをそこで過ごした。東洋のロビンソン・クルーソーとも形容されたその凄絶な生活ぶりは吉村昭の『漂流』などに書き込まれている。生き抜く鍵はアホウドリだった。人間を怖がらぬアホウドリを捕って生で食べ、卵の殻に雨水をためた。

長平はその後やって来た漂流民とともに船を作って鳥島を脱出する。万次郎がラッキーだったのは、鳥島に漂着して5カ月後に米国の捕鯨船が通りかかったことだった。この米国船に救出され、万次郎を除く4人はハワイに、万次郎は米本土に渡る。日本に戻ったのは10年後である。１人は亡くなり、１人はハワイに残った。万次郎は土佐藩や幕府に召し出されたが、残りの２人、伝蔵（筆之丞）と五右衛門は宇佐に帰ってひっそりと余生を送った。

伝蔵と五右衛門が宇佐に帰り着いたのは遭難から10年９カ月後である。彼らは奇跡的に宇佐の土を踏んだが、海に消えた宇佐の男も多かった。土佐清水には宇佐の男たちの墓があり、紀州、土佐清水、宇佐の漁師に交流があったことも『土佐市史』は指摘している。宇佐の男には海のＤＮＡが流れている。板子一枚下は地獄という世界で生きるＤＮＡ。すぐに牙をむく大海原と共生するＤＮＡである。当然ながらそのＤＮＡはハングリーで強靱な体質をつくり上げてきた。

強靱な体質といえば、同書は藩政期の「夜売り」にも触れている。宇佐に水揚げされた新鮮なカツオを、宇佐の男たちが高知城下まで持ち走るのである。売る相手は〈武士、富商を中心にした上流社会〉。渡し船もある宇佐、高知間４里（16キロ）を１時間10分から１時間40分ほどで駆けたというからすさまじい。これは明治になっても続き、大正に入ると自転車で運んだと記されている。

盛況だったウルメ漁

高知県は網漁業よりも釣り漁業が発達している。

ざっくり分けると巻き網に代表される網漁業に求められるのは資本力と企業センスであり、釣り漁業に必要なのは職人としての技術である。おカネはないが、土佐人には職人気質があるということだろう。沿岸の釣り漁業やカツオの一本釣りだけではなく、南半球や大西洋まで開拓した遠洋マグロ漁業、さらには南極・北洋捕鯨のキャッチャーボートでも土佐の漁師が業界を牽引した。

中でも高知県の遠洋マグロ漁船は、３００トンの小さな船体で「吠える40度線」「悲鳴の50度線」と呼ばれた烈風の南半球高緯度や、大西洋のウルグアイ沖、ニューヨーク沖、アイスランド沖まで開拓した。南半球高緯度は南極に近い。かつて南極といえば、日本捕鯨船団の主要漁場である。高知県出身の砲手が室戸の遠洋マグロ船にマグロの漁場を紹介したことも知られている。

先に触れた通り、宇佐で盛んだったのはカツオ一本釣りである。船の能力が上がるにつれ、台湾沖から三陸沖までカツオを追うようになっていった。春に現れるカツオの群れを黒潮に乗って追う。「黒潮の狩人」と呼ばれたのはそのような漁師たちである。宇佐には黒潮の狩人がたくさんいた。

戦後はウルメの一本釣りも盛んになった。正確にはウルメイワシ。日本沿岸で普通に見られるが、高知以外ではマイワシやカタクチイワシと同じく巻き網や棒受け網で漁獲するケースが多い。

『土佐市史』によると、ウルメの一本釣りを開発したのも宇佐の漁師である。糸に数本の針をつける程度のまどろっこしい釣りではない。釣り糸に100を超える毛針をつけ、それを船の左右から海に垂らすのである。左側の釣り糸をたぐって揚げると数十のウルメがかかっている。それを氷水の中に落とし、次は右側の釣り糸を揚げる。それを揚げるとまた左側の釣り糸にウルメがかかっているのでそれを揚げ……。延々とウルメを釣る。

ウルメの漁期は10月から翌年2月なので、カツオ漁の裏作としてぴったりだった。なによりの長所は網で捕ったものに比べて魚体が傷まないこと。長所を生かし、ウルメの加工が発達した。一匹一匹、天日で丸干しにするのである。手はかかるものの、あぶって食べるとこれが超のつく絶品。あっという間に県内外で大人気となった。

ウルメ一本釣りに出漁する船が一時は２３０隻に達したことを記したあと、同書はこう書く。

〈機械の音も軽やかに、数隻、数十隻の船が次々と港にはいる光景は壮観であり美しい〉

ウルメの目に棒を通し、10匹ずつそろえて天日に干していく。すべて手作業だ

伝馬船をこぐ保育園児

門田の仕事は漁業と密接に関わってきた。

もともと門田の家はカツオ漁を生業としていた。本家がカツオ船を出していて、分家をつくった門田の祖父もカツオ船を出していた。門田が言う。

「14～15トンくらいの木船ですねえ。漁師が20人くらい乗っちょった。仕事がないもんやから『乗せてくれ』ゆうてきよったねえ」

土佐清水や愛媛沖でカタクチイワシを捕り、それを生かしておいて土佐沖に来遊するカツオ漁に使う。

「餌は生きたイワシやないといかん」と門田が解説する。「それをばらまきながらカブラ（疑似餌）で釣る」

門田の家は宇佐の漁港とは海を挟んだ対岸、井尻《いのしり》地区にある。台風から宇佐を守るかのように横から突き出た横浪半島の先端である。内海側に人家が１００軒ほど。現在は宇佐大橋が架かっているが、門田が小さいころは手こぎの渡し船が宇佐の街と井尻を結んでいた。

門田家のカツオ船は宇佐漁港でカツオを水揚げし、門田家の前にやってくる。門田の家に岸壁があるわけではないから、船は沖合50メートルほどのところにイカリを沈めて停泊する。そこからが門田の出番だった。

保育園のときから門田は伝馬船を操っていた。沖合にカツオ船が停泊すると、保育園児の門田が伝馬船をこぎ出す。櫓を操り、50メートル先のカツオ船へ伝馬船をつけるのである。ご苦労さん、と一人の乗組員が伝馬船に乗り移り、その乗組員が伝馬船を操って門田を岸へと送る。乗組員が操る伝馬船がカツオ船と岸を幾度か往復し、カツオ船の全員が陸地に上がる。

保育園児が一人で伝馬船に乗って櫓をこぐとは……。今ならユーチューブにアップしたいような話だが、「そればあのこたあ、みんなやりよった。櫓をこいだらうまいぜよ。今でも」と門田は笑う。

ツグミがおいしかった

保育園に入るころには泳ぎを覚え、小学校の高学年になると対岸にある宇佐の街まで泳ぎ渡っていた。距離は「４００メートルくらいかな。みんな泳いで渡りよったですねぇ」。しかし湾口なので潮流が速いときもある。また笑いながら、「そんなときは目的地へ着かんがですわ」。

小学校に入ってからは海や山を駆け回った。

「金突きをさげて船で魚を捕りに行ったり、貝を捕りに行ったり、メジロを落としに行ったり。ツグミ、ヒヨも捕りました」

魚を捕るのは夜である。伝馬船にカーバイド（炎を発生させる燃料）の灯りを乗せ、海岸べりをゆっくりとこぐ。明かりを追って魚やカニが泳いでくるのを捕り、海底でガシラ（カサゴ）がじっとしているのを突く。

「ガシラは海底にじーっとしておるき突きやすい。料理はおかあとかおばあちゃんが作ってくれた。ガシラを汁にしたり、カニをゆでて食べたり。カニはワタリガニ（ガザミ）やね」

メジロは鳥モチで捕り、飼って鳴き声を楽しんだ。

「今は一人1羽しか飼われんけんど、みんないっぱい飼いよった。何十羽も飼いよったねえ」

ツグミ、ヒヨはわさ（わな）で捕って食べた。

「竹のひごを丸うにして真ん中に黒いテグスで輪を作る。それがわな。水わなは鳥の水場の入り口に仕掛けて、周りを枯れ草で囲う。テグスの輪のところだけしか空いてないき、そこに鳥が首を突っ込む。エサわなは赤い実とかを集めちょいて、周りを枯れ枝で囲うてわなにかけよった」

捕ったツグミやヒヨドリの毛をむしり、火を焚いて産毛をあぶった。そのあとさばいて本格的に焼く。食べる。

「今は鳥を捕ったりせられんけんど……。ツグミがおいしかったわねえ。一番おいしくなかったのはハト。スズメも食べた。あとはアケビを取って食べたり、桑の実を取って食べたり。ガキ大将がおって、学校が終わったらみんなで山へ走った。今の子どもから見たら、あのころの方が楽しかった気がするねえ」

給油船で忙しく回った日々

門田が小学4年のころ、家はカツオ船から手を引く。代わって始めたのが燃料油の供給だった。のちに触れるが、門田は25歳くらいのときから油の仕事を続けてきた。

宇佐の港に漁船が戻る。水揚げが始まる。水揚げしている船に、門田が給油船

浜村海産にやってきたメジロ。浜村は庭の木にいつもみかんを刺している

を操って油を入れる。

「朝3時に起きて、順番に回りよった。5隻や10隻分の油は給油船に入っちゅうから。水揚げしゆう船へ次々入れていって」

昭和の時代、門田は忙しく仕事をした。漁船はたくさんいた。給油が間に合わないほど船はいた。ところが……。

「もう商売は成り立ちませんねえ」と門田がこぼす。

「昭和の時代に250隻あった5トン未満の漁船が今は12隻。30隻以上あったカツオ一本釣り漁船は今2隻」

一般に、5トン未満の船は土佐湾で魚を釣る。カツオも釣るし、ウルメやアジ、サバも釣る。19トン級以上になると、太平洋を自在に動いてカツオ、マグロを狙う。カツオは一本釣りで、マグロははえ縄で釣る。

門田によると、カツオ一本釣り漁船はかつて50～90トン型が12隻、19トン型が23隻あった。今の2隻はいずれも19トン型。

「昭和の時代、宇佐の港には県で一番カツオが揚がっていましたねえ。(高知市の)弘化台よりも多かった。競りをして、仲買の人が買うて、大阪へ送ったり、地元でさばいたり。ほんで仲買の人もいっぱい来よったですき。今は仲買の人が軽四トラックで売りに行く分くらいしか魚が揚がらんきねえ」

魚の水揚げは未明から早朝にかけて行われる。門田が給油船を操っていたのもその時間帯である。昼間はどうするかというと、ガソリンスタンドに座っている。門田の人柄ゆえだろう、いつの間にかそこはたまり場になった。人が集まり、情報が集まり、気づけば人脈の山ができていた。

謙遜しながら門田が笑う。

「集まってくる客は自転車で来たり、歩いて来たり。みんなガソリンいらんのですよ。宇佐の掃きだめみたいなところです」

野球の話に入ろう。

宇佐の野球選手で最初にプロ野球に進んだのは片田謙二である。門田よりは11歳上。宇佐中から高知商に進み、春の甲子園では準々決勝、夏の甲子園では準決勝まで進む。1年下のチームメートが大洋(現横浜ＤｅＮＡ)の監督や巨人のヘッドコーチを務めた須藤豊だった。

200勝には200年

片田は高知商から広島に入る。2年目に3勝を挙げたものの、翌年に退団して郷里に戻った。1993(平成5)年に57歳で亡くなっている。

仲がよかったこともあり、門田は片田に軽口を叩いたことがある。

「11歳も先輩やき本来は言われんことやけんど、こう言うたがよ。『片田さん、おまん3年で3勝ゆうたらねえ、名球会(投手は200勝、250セーブ、打者は2000本安打)に入るには200年かかりやせんかよ』と。『おんしゃやなかったらしまいよ(大変なことになるぞ)』ゆうて笑いよった」

広島から戻ったあと、片田は社会人野球の高知県交通でプレーする。50歳近くなってから創部間もない地元・高岡高校宇佐分校(現高知海洋高校)野球部の監督を務めた。

「覚醒剤でつかまった野村貴仁っておったでしょう。宇佐分校に。片田さんが監督のときの選手やったです。そのころから、僕はどうゆうあれやろねえ、野村とうんと親しゅうてねえ。ゲームで勝ったときのボールとか僕のところへ持って来よったがです。野村は言うことも面白うて……」

野村は宇佐のお隣、春野町(現高知市春野町)の出身。高岡高校宇佐分校から社会人野球の三菱重工三原に進み、ドラフト3位でオリックスブルーウェーブに入る。その後、巨人を経て大リーグのブルワーズに入団。日本に戻って日本ハムファイターズに入ったあと台湾プロ野球でプレーして引退する。高知に戻っていた2006(平成18)年に覚醒剤取締法違反で逮捕、執行猶予判決を受けた。

「片田さんがピッチャーあがりですからね、『俺はピッチャーのことやったら分かる、あれをなんとかものにせないかん』ゆうてやりよりました。野村がねえ、高校1年のとき、高校に入ってきたときにねえ、『宇佐分校野球部の基礎をつくらないかん、頑張ってやってくれ』ゆうて片田さんが言うたらしいですわ。そしたらねえ、『分かりました』ゆうて野村が言うてねえ」

野村が高校3年の夏、高岡高校宇佐分校は県大会で快進撃を続けた。分校旋風を巻き起こし、準決勝まで進出。岡林洋一のいた高知商とがっぷり四つの戦いを見せ、延長戦で惜敗した。甲子園に出場した高知商は準々決勝まで進出、エースの岡林は専修大を経てヤクルトスワローズに入団し活躍する。

「県予選の最後の試合が終わったときにやねえ、野村が『監督さん、監督さん』って呼ぶき、『どういた?』言うたらねえ、『これで分校の基礎もできたでしょう』と。監督に生徒が言うたらしい。そしたら監督は監督で『ありがとうございました』ゆうて。片田さんが『わしゃあ礼を言うたぜよ』と言いよった。そんなエピソードもいろいろあって」

「大リーグ入りましたき」

野村を応援しようと、門田は三菱重工三原の試合にもオリックスの試合にも巨人の試合にも行った。

「野村がねえ、巨人やめてブルワーズゆうてアメリカのあれへ行ったがですわ、大リーグ。話が決まったとき、すぐに本人から携帯へ電話があって。『僕ブルワーズゆうチームへ入りましたき。大リーグですけどね』ゆうて」

もともと門田はそれほど野球に興味があるわけではない。大リーグの球団名なんて聞いたこともない。

「『俺はそんなチーム知らん』言うたら『大リーグですよ!』ゆうて声を大きゅうして言いよった。『まだ日本ではねえ、大将しか知りませんき、他の人は知りませんき』とも言いよった」

まだ誰も知らないのなら教えてやろう、と門田は高知新聞写真部にいた中学時代の同級生、橋田静夫に電話する。

宇佐中では橋田も野球部だった。レギュラーの一塁手として浜村と一緒に戦っていた。当然、浜村とも門田とも仲がいい。

「おい、野村がブルワーズゆうところに入ったと言いゆぞ。夕刊にでもばっと出せ」と門田。橋田の返答は「そらおんしゃ、当てにならんろうが」だった。「本人がそう言うて電話してきたがやき、当てになるわえ」と門田は答えたが、橋田の方は「おんしの言うことを信用して書いて、もし間違うちょったら大変じゃ」。笑いながら門田が言う。「静夫は私の言うことを信用せんがやき。共同通信に聞いてみんといかんと言いよった」

筋肉増強剤を使っていたこと(当時は違反ではない)、覚醒剤もやっていたこと。いろんな話を門田は聞いた。

「そんなこと僕らにぜんぜん隠さずなんでも言うがです、あの野村は。ほんで面白いというか、かわいいがです」

宇佐が生んだあの名将

宇佐の野球が強い理由の一つが「海」だと書いた。だがそれだけではない。理由はもう一つある。一人の男の存在である。

籠尾良雄。日本の高校野球関係者でこの名を知らぬ人はもぐりと言っても過言ではない。県内一の進学校、私立土佐高校の野球部監督を１９６３(昭和38)年から30年間にわたって務めた。宇佐に生まれ育ち、２００２(平成14)年に68歳で亡くなっている。

土佐高を甲子園に導いたのは春4回、夏3回。夏はベスト8、春は準優勝まで到達したが、彼の神髄は記録ではない。記憶である。純白のユニフォームによる全力疾走、小よく大を制す試合ぶり、勝利を目指すひたむきさ……。籠尾が率いた土佐高は多くの人々の脳裏に忘れ得ぬ記憶を刻んだ。

1966(昭和41)年春の甲子園は、部員わずか12人で決勝まで勝ち進んだ。投手は下手投げの上岡誠二(慶大、日本鋼管)。中京商に0―1で惜敗して準優勝に終わったものの、その戦いぶりは「大会の華」と形容された。勝った中京商は夏の甲子園も制し、史上2校目の春夏連覇を達成する。

作詞家の阿久悠(1937〜2007)はスポーツニッポン新聞社の依頼で甲子園の熱戦を詩にしていたが、1989(平成元)年夏、土佐高が東亜学園に負けたあとに作った作品をこう綴った。

〈甲子園こそ土佐を忘れていなかった　縁ある人々も　無い人も　全く同じように　自分の心の中の原風景との出会いを　喜んだのだ〉〈何の飾りもない純白のユニフォームが　全速力で駆けるだけで　涙ぐみたくなるのは何だろう〉

歴代トップの甲子園通算68勝を挙げた元智弁和歌山高監督、高嶋仁は勇退会見でこう言って記者たちを驚かせた。

「目標としてきた監督ならいます、土佐高校の籠尾監督です」

高嶋が感銘を受けたのは野球への情熱だけではない。勉強面でも難関大学の受験を突破する選手たちのモチベーション、それを維持させる籠尾の指導力に感服していた。

籠尾と宇佐の関係が最もよく分かるのは、籠尾自らが書いた『全力疾走三十年』（高知新聞社刊）である。１９９４（平成6）年から1年間、籠尾が高知新聞に連載した内容が単行本になっている。残念ながら今では入手が難しいが、本人が筆を執っているだけに貴重な証言と言っていい。本書でも、特に籠尾のことに関してはその本から多くを引用させてもらっている。

土佐高と集団就職生

『全力疾走三十年』の中に籠尾の人柄と時代が分かるくだりがある。

１９６４(昭和39)年3月22日。籠尾が土佐高を率いて半年後だった。四国大会で優勝した土佐高ナインは高知港にいた。大阪行き関西汽船に乗って春の甲子園に向かうためである。籠尾にとっては初の甲子園。埠頭の壮行式は華やかだった。ブラスバンドが場を盛り上げる中、選手一人ひとりに花束が渡され、五色のテープが舞った。

壮行式のくだりを書いたあと、籠尾は集団就職生に筆を向ける。

〈関西汽船「ひかり丸」には、関西地方に集団就職する二十人余りの、土佐清水市下ノ加江中の卒業生が乗船していました。華やかな見送りを受け、晴れの舞台に勇み立っている選手たちの一方で、年若くして親兄弟たちと別れ、古里を離れていく子供たちがいる。彼らの心中を思い「体に気をつけて、頑張ってネ」と声をかけました。しかし彼らは明るい表情で「休みの日には応援に行くき、土佐高も頑張って」と逆に激励され、救われる思いでした〉

当時、全国の高校進学率は7割前後だった。高知では、特に高知県の田舎ではそれをはるかに下回っていたと想像できる。筆者はこの5年前、1959(昭和34)年春に仁淀村(現仁淀川町)の別枝中学校を卒業した生徒たちのその後を取材したことがある。卒業した36人のうち、高校に進学したのは2人だけ。多くは集団就職で大阪や東京に出て行っていた。

1995(平成7)年、高知新聞に載せた連載企画「36人の軌跡」から一部を抜き出してみよう。引率する先生の回想である。

〈卒業式を終えた後、学生服にボストンバッグを提げて村を出た。バスで高知市に向かい、高知港から大阪への定期航路に乗る。翌朝、天保山ふ頭に到着。港まで迎えに来た雇用主に教え子たちを引き渡した。「親元を離れて寂しかろうが、辛

抱強くやれ」がはなむけの言葉だった〉

宇佐も郡部の街だから、高校に進めない子どもがいることを籠尾は痛いほどよく知っていたのだろう。私立の土佐高に進めるのは裕福な家の子どもたち。家に余裕がなければ野球はもとより勉強もできないことを。

籠尾は終戦直後の1946(昭和21)年に尋常小学校を出て旧制土佐中に進んでいる。郡部の街ではエリート中のエリートである。集団就職の中学生たちを見た瞬間、恵まれた者と恵まれざる者の対比が籠尾の心を貫いたに違いない。だからこそ、甲子園への期待を書くのではなく集団就職生を書くのである。

「36人の軌跡」はこう続く。

〈港で一人になった大野先生は、あらためてあいさつを兼ね、子供たちの就職先を順番に回る。「なにぶん田舎者です。気のつかん点もありましょうが、どうぞよろしゅうお願いします」。頭を下げる大野先生自身、大阪は地理不案内。あいさつが終われば次の子供の就職先へ。バトンリレーのように雇用主に連れて行ってもらうのだ。そうして帰高後、今度は子供たちの実家を一軒一軒訪ねる。「大丈夫。

職場はみんなええ人ばかりじゃったよ。心配はいらんけの」。親への報告を済ませて、やっとその年度の就職活動が完了する。これが毎年の恒例だった〉

昭和30年代、高知はまだ貧しかった。

宇佐中の学生監督

籠尾良雄は1934(昭和9)年に生まれた。

祖父はカツオ船を出していた。長兄はのちに数隻の遠洋マグロ船を出し、次兄は修理ドック(造船所)を立ち上げる。3男の良雄は宇佐小学校から旧制土佐中に入り、新制土佐高を経て早稲田大教育学部卒。

他の名監督と比べて異質なのは、選手としての野球経験がほとんどないことだ。半面、指導者としての経験は厚い。なにせ高知市で下宿していた土佐高1年のときから宇佐中野球部の指導に携わっていた。

『全力疾走三十年』によると、平日は土佐高で練習の手伝いをしながらコーチングを学び、土日は宇佐の実家に帰って宇佐中野球部の指導に当たっていた。師は土佐高監督の溝渕峯男(1913~2001)である。籠尾は〈溝渕さんにはその後もずっとご指導をいただき、それが私の野球の根幹となっています〉と書いている。のちに土佐高の代名詞となる全力疾走をやり始めたのが溝渕だったこと、宇佐中に何度も指導に来てくれたことも同書に記されている。

高知県の高校野球史を語るとき、溝渕峯男の名は欠かせない。土佐高の監督として夏の甲子園で準優勝。安芸高を率いて郡部勢として甲子園初出場。高知高の監督に転じた直後、夏の甲子園で県勢初の全国優勝。魔法のような勝負運で高知の高校野球を日本中に印象づけた。

籠尾が野球に開眼したのは土佐中に入った1946(昭和21)年、高知市中心部を流れる鏡川べりのグラウンドで見た旧制城東中(現追手前高)の活躍である。前田祐吉投手(慶大から日本麦酒、慶大監督。野球殿堂入り)を擁し、松山中や高松中を破って県勢初の甲子園に出場。翌年春の甲子園ではベスト4まで勝ち進んだ。沸き返る高知に野球ブームが起きた。籠尾も宇佐に帰ったときは草野球に興じていた。1948(昭和23)年、宇佐のお隣、須崎市浦ノ内中(新制)が中学野球県大会でベスト4に入る。これに刺激を受け、宇佐中に野球部ができることに。翌年秋の宇佐中初試合で籠尾は監督を務めた。初試合を契機に〈宇佐中野球部にのめり込んでゆきました〉と籠尾は書いている。

片田投手で初優勝

1950(昭和25)年、第1回県中学野球選手権が開かれることになり、宇佐中もエントリーした。監督は土佐高2年だった籠尾である。『全力疾走三十年』にはチームを高知市の自分の下宿で雑魚寝させて試合に臨んだことが書かれている。結果は初戦敗退。原因ははき慣れぬスパイクの靴ずれだった。

スパイクなど用具は溝渕峯男が経営するスポーツ用品店で買いそろえ、代金を返済するため映画の興行やミカン水の販売などに手を染めた。籠尾の指導と熱情で宇佐中野球部は1951（昭和26）年の高岡郡大会で初優勝する。そのときのエースがプロ第1号の片田謙二だった。『全力疾走三十年』によると、片田の父・太郎は宇佐中の教頭も務めた教育者。〈小柄ながら抜群の運動神経〉で、高知師範時代は相撲の選手で鳴らしていた。

ちなみに片田の長男、統途も籠尾の下で野球をしている。1975（昭和50）年に宇佐中（卒業時は学校統合で土佐南中）から土佐高に進み、その年の夏、1年生エースとして甲子園に出場した。卒後、法政大からNTTに進んでいる。

1975年春の甲子園は杉村繁（ヤクルト）、山岡利則（近大、大昭和製紙）を擁する高知高が原辰徳（現巨人監督）の東海大相模を決勝で破って全国制覇を遂げていた。夏の高知大会準々決勝で、土佐高はその高知高と対戦する。前評判は劣勢だったが、終わってみれば6対0の快勝だった。

この試合でも甲子園でも、土佐高は継投策をとった。先発が片田で、抑えのエースは兵庫・滝川中から土佐高に進んだ同じ1年生の伊藤滋宏(同志社大、三菱重工神戸)である。伊藤の父親も宇佐の出身、母親は宇佐のお隣、新居の出身だった。伊藤の父親も小学校(旧制)時代は相撲の選手として鳴らしていた。甲子園では初戦の桂高戦で三番の玉川寿(慶大、日本石油)がサイクルヒット(一試合で単打、二塁打、三塁打、本塁打をすべて記録)を放って快勝。次の上尾高戦は3―4で競り負けた。

片田謙二に続く宇佐出身第2号のプロ野球選手は横山小次郎だった。

1957(昭和32)年、横山がエースの宇佐中は春季県大会で準優勝する。勝ち進むとは思っていなかったので宿泊代の調達に苦労したこと、実績を重ねる中で一時起きていた野球部廃止論が消えたことも籠尾は書いている。

籠尾はこのとき早稲田大の学生である。早稲田に進んだ理由も、野球指導者になるためだった。『全力疾走三十年』には〈アマチュア野球界きっての名監督といわれた森茂雄監督の指導法を学びたくて、早稲田に進みました〉とある。傍ら、宇佐中の指導は続けていた。そのあたりをこう書いている。

〈実は私、早大の入学式にも、卒業式にも出席していません。先に申しました通り、私は高校当時から宇佐中の指導を始めていました。大学の入学・卒業式の時期は、春の中学野球大会と重なります。私にとっては、野球の方が大事だったというわけです〉

一番強いのは山下でした

門田の話に戻ろう。

「横山小次郎さんは私より5つ年上で、高知高から近大、ロッテとぜんぶ有藤さんの先輩です」

正確にはロッテの前身、東京オリオンズに入団する。東京(途中からロッテ)に

6年いたあと広島に移って2年。8年間で10勝を挙げた。

「横山さんは高知市におります。14年前に脳梗塞になってねえ、でもごとごと歩いちょります。けさも電話をくれちょってねえ。僕が肺をのけちゅうことと、心筋梗塞でこのあいだ気を失うちょったこともありましてねえ、ちょいちょい電話くれます。脳梗塞の人に励まされております。『頑張らないかんぜよ』ゆうて。『いやそれはわしが言うことやき、おまんが言うことやないき』言うたら、『お互いそうせないかん』ゆうて」

横山小次郎の4歳下が有藤通世である。その1歳下に浜村孝、さらに1歳下に山下司がいる。先に書いた通り、3人ともドラフト1位でプロ野球に入った。特に浜村、山下は高校生でドラ1だった。

「僕はその、宇佐から出た6人の野球選手とはどういうわけかみんな親しかったですねえ。親しゅうしてくれた」と門田。「山下はまじめな男で、伊野商に行って、足の速い男で。ジャイアンツにドラフト1位で入って。これはなかなかバネのあるえい選手やった。山下も今は宇佐にいます。ただ、彼も脳梗塞になってねえ。右手がかなわんなっています」

高知商から西鉄に入った浜村は、巨人に移籍後に山下と同僚になった。宇佐中のとき以来、10年を経てチームメートに戻ったことになる。

「ジャイアンツのとき、彼はセカンドでしたね」と話しながら、浜村は山下のことをこう評す。

「有藤、浜村、山下で一番体が強いのが山下でしたね。筋力も強いし、足の速さもあるし。バッティングは有藤さんから見るとだいぶ落ちましたけど、筋力からゆうたら山下がナンバーワンでしたよ」

山下にとって不運だったのは、黄金期の巨人に入ったことだった。入団したのは巨人がV3を達成した1967年。長嶋、王を擁した巨人はその後も毎年のように日本一を続け、V9を達成する。浜村が言う。

「一軍のレギュラーにあまりにもいい選手が多すぎて。なかなかそれに食い込むことができなかったですよねえ。セカンドが土井(正三)さんの時代ですから。いつときイースタンリーグ(二軍)の盗塁の記録もつくりましたけどねえ」

籠尾は『全力疾走三十年』で山下を野球に引っ張ってきたことを明かしている。山下は相撲も強く、小学生時代から中学相撲部の練習に行っていた。それを、〈彼のお父さんが長年、私の実家の船に乗ってくれていたご縁もあり、お頼みして野球の方に引っ張ってきました〉と。

キラリと光った有藤少年

同書には有藤を野球に引っ張ったのも籠尾だったことが書かれている。有藤一家と籠尾は親類付き合いで、有藤は〈やせてはいたが、ずば抜けて背が高かった〉少年だった。〈宇佐は相撲の盛んな土地で彼もよく相撲を取っていました。結構強かったので、お相撲さんになることも夢見ていたようです〉。有藤が小学4年のとき、野球の練習を見に来ていて球拾いのボールを投げた。その姿にキラリと光るものを見た籠尾は、すぐ行動に移す。

〈「相撲に持っていかれたら大変だ」。私は早速祖母の誉利さんと母親の八重子さんに、野球をやらせてくれるよう頼みに行きました。こうして彼は毎日、練習を手伝いにきてくれるようになりました〉

〈彼が中学に入りしだい使おうと、六年生になる時に一緒に高知市に出向き、硬式グラブとバットを買い与えました。宇佐への帰りのバスの中、まぶしそうな目で左手にはめた真新しいグラブをながめ、にぎりこぶしでポンポン、ポンポンとたたいては喜ぶ彼の顔が忘れられません〉

子どものころの有藤を、門田は「色が真っ黒うて背が高いイメージ」と記憶している。高校が一緒だったので、高校時代の有藤とはバスで一緒になった。

「バスの中で、有藤さんはいすへは絶対に座らんかったです。立ったままで、かかとを上げて。そういう努力をしていましたねえ。バスの天井へ頭が当たりそうになっていました」

浜村は有藤の体の柔軟さが印象に残っている。

「有藤さんは体が柔らかかったんですよ。すごくそれがうらやましかった。アスリートは股関節が柔らかくないとだめですからねえ」

1959(昭和34)年夏、有藤は宇佐中1年でショートを守り、夏の県中学野球選手権で準優勝する。このとき籠尾は山向こうのお隣、土佐市立高岡中野球部も同時に指導していた。6月に同中の先生(講師)となっていたからだ。準優勝を花道に、籠尾は宇佐中を去って高岡中の指導に専念する。

1961(昭和36)年から翌年にかけて籠尾は高岡中を県内最強チームに育て上げた。あらゆる大会で優勝を飾ったあと、高校野球の指導者に転身する。

小6で中学野球部入り

有藤の1年下だった浜村は、籠尾が去ったあとで宇佐中に入った。しかし指導は受けている。

「僕はねえ、小学校6年のとき(宇佐中の)野球部に入れてもらったんですよ。そのときは籠尾先生が宇佐中監督でした。まだ先生ではなかったと思います。僕が中学に上がるときに籠尾先生は先生として高岡中に移るんですが、そのあと高知商に行ったんですよ。僕らが(高知商に)入学するときに。入学した年の夏まで籠尾先生は高知商の教員で、野球部のコーチをしていたんですね。そのとき、籠尾先生にはずいぶんいろんな面でお世話になりました」

短期間だけ籠尾が高知商でコーチをしていた事情は少々複雑である。『全力疾走三十年』にある籠尾の証言によると、こうなる。

高岡中野球部を県内一に育てた籠尾に高校球界から誘いがあった。最初に誘ったのは開校間近い県立伊野商である。当時の県知事、溝渕増巳が籠尾の就任を望んだと籠尾は聞いていた。次に高知商から誘われた。これは高知市立である。最後に誘ったのが私立の土佐高だった。

3校から誘われた籠尾は、世話になった人たちに判断を任す。決まった行き先が高知商だった。

監督になるべく1963(昭和38)年に高知商へ移るのだが……。どういうわけか、すれ違いが起きた。監督の松田昇が監督を譲ってくれないのである。籠尾は1学期だけで高知商を辞め、土佐高に職を得て監督となる。籠尾は同書にこう書いている。

〈この年の春、高知商野球部には、大変な一年生メンバーが入部しました。潮江中の江本孟紀投手(法大―東映、南海、阪神)、宇佐中の浜村孝内野手(西鉄、巨人)、高岡中から山崎望(大商大―西川物産)、大木正行(専修大―住友金属)の中学選手権優勝バッテリー、伊野中から森沢巧知投手(中大―四国銀行)ら、大型で、県高校野球史に例を見ない精鋭ぞろいでした。今にして思えば、こんな豪華な顔ぶれを見れば松田さんに限らず「この選手たちで全国制覇を狙ってみたい」と闘志を新たにしたであろうことは容易に想像されます〉

松田昇(1905~1982)は溝渕峯男に勝るとも劣らぬ県高校野球界の立役者である。高知県ならびに高知商の野球を全国区に押し上げた名将と言ってもいい。高知商の監督として同校を甲子園常連校に育て、1950(昭和25)年の春の甲子園で準優勝。部長として臨んだ57年春の甲子園も準優勝。このときは決勝で王貞治の早稲田実業に敗れた。高知商の監督を引退したあと、70代になってから新設間もない明徳高の監督に就任し、春の甲子園に出場させる。今に至る強豪・明徳義塾の礎をつくった。

土佐高に移った籠尾は有藤の高知高、浜村の高知商、そして山下が進学した伊野商と戦うことになる。

進路を決めた浪商戦

ここからは少し浜村の話を。

宇佐中に入った浜村は1年でショートを守る。県中学野球選手権は1年時が準決勝敗退、2年も準決勝敗退、3年は1回戦敗退だった。

県中学野球選手権は高知新聞が主催する夏のビッグイベントである。高校野球に劣らぬ扱いで紙面展開するので、準決勝や決勝ともなると地元の熱気はすさまじい。しかもこの大会で活躍した選手の多くが強豪高に進んで甲子園行きを競う。野球ファンにとっては見逃せない大会だった。

「1年のときの大会は土佐中に負けました。準決勝で。2年生のときは僕ピッチャーでしてねえ、僕がピッチャーで有藤さんがショート。そのときも土佐中に負けました。準決勝で。先生には『宇佐と土佐の頭の差や』と言われました」

笑いながら浜村が話す。浜村がピッチャーを務めた2年時は有藤、浜村、山下という、のちのドラフト1位トリオがそろっていたことになる。ただし山下はまだ補欠だった。

3年時の1回戦敗退には理由がある。2年生のときに浜村が肩を壊し、全く投げられなくなっていたのである。球は10メートルしか届かなかった。

「3年に上がろうかというとき、近鉄がキャンプに来たんですよ、高知に。監督は別当(薫)さんでした」

のちに広島、西武などで監督を務める根本陸夫がコーチとして帯同していた。根本と懇意だった溝渕、籠尾は浜村の肩について相談する。根本の紹介で浜村は近鉄のトレーナーに診てもらうことができた。

「1週間、高知の旅館に毎日通ったんです。でも全く治りませんでした。10メートルしか投げれん状態でした」

肩を壊したまま、浜村は高知商業に進学する。

「僕は小学校のときから高校は高知商に行くと決めていました。高知商、強かったですからねえ。それと中学校のときにね、浪商（現大体大浪商）ってあったでしょう、怪童尾崎（行雄）さんの。尾崎さんが遠征に来たんですよ、高知へ。そのとき高知商と練習試合をやったんですね。その試合を見に行って」

高知商の投手は中大から東映、巨人で活躍した高橋善正。試合は高知商の惜敗だったが、その戦いぶりは強く印象に残った。

「それでもう特に、どうあっても揺るがなかったですね、高知商に行くというのは。試合は1対0くらいで高知商が負けました。そしたら夏の甲子園で浪商が優勝ですよ。法政二高の柴田（勲）さん（巨人）、夏春夏の三連覇がかかっとったけど準決勝で浪商に負けたんですね。それで浪商が優勝しました。すごいメンバーでしたよ。尾崎さんは2年で中退して東映。キャッチャーが早稲田に行った大塚（弥寿男）さん、大塚さんは早稲田からロッテ（東京）。住友（平）さんは明治から阪急。それから近大に行った大熊（忠義）さん、阪急。それから高田繁さん、ジャイアンツ。高田さんは1年生でしたけどね。すごいメンバーですよ。まあ、優勝して当然といえば当然でしたねえ」

高橋善正の高知商もこのとき(1961年夏)の甲子園に出た。

「高橋善正さんは2年生で、尾崎さんと年が一緒なんですね。甲子園では中京商に逆転負けでした。ジャイアンツに行った相羽(欣厚)さんに逆転スリーラン打たれて。勝った勝ったって言いよったら逆転負けです。中京商に」

食事で肩が治った!

肩を壊したまま高知商に進んだ浜村は、レベルの違いに戸惑った。

「中学校から上がって、高校に行ったら力がだいぶん違うんですね。高校からプロ野球に行ったらまた数段違うし。すごく溝というか壁があるんですね。みんなだいたい自信なくすんですすよ。でもまあ努力していたらだんだん慣れて。やっているうちにだんだんこう、そういうのを感じなくなってきますねえ。最初は苦しいですよ、やっぱり」

肩は治らなかったが、1年夏から浜村は主軸を打つ。

「たまたまヒット打ったんです。そしたら松田監督が使ってくれて。4番とか3番でした。内野はできないのでライトを守りました」

10《メートル》しか投げられないのに外野？

「カットマン（中継役の内野手）が来てくれますから、全部。10《メートル》のところまで」

1963（昭和38）年、1年夏の高知大会は決勝で有藤のいる高知高と当たった。記念大会だったので、勝った方が甲子園である。

「初回に僕が三塁打を打って、パスボールで1点取りました。そのまま6回まで1対0です。ところが相手のセンター前ヒットがイレギュラーして。長打になって逆転され、甲子園を逃しました」

1年の秋はすぐに負けた。

「1回戦か2回戦で負けたんです。それも幡多地域の公立高に。宿毛高だったかな。練習場がノンプロの四国銀行と一緒だったんですが、高知商ＯＢがたくさんいるんですね。全員集合させられてビンタ食らわされました。高知高や土佐に負けるんだったら分かる、なんで宿毛に負けるんだって」

２年になったとき、肩が治った。鍵は食事だった。

「マレー・ローズって知ってますか? オリンピックの水泳で金メダル取った有名な人です。ライバルに早稲田の山中毅がいました。ローズのお父さんがね、スポーツ選手は自然食を食べないかん、と。そんな本を書いていたんですね。確か『世界記録を生んだ栄養食』じゃなかったかな。高知市の本屋でその本を買って読んだんですよ」

本を買う伏線は、以前診てもらった近鉄のトレーナーから食事の問題を指摘されていたことだった。

「『筋肉がかさかさして硬い。漁師町やからどうせ魚とか肉しか食べてないんやろ、食事が偏るから肩壊すんや』と言われていました。近鉄のトレーナーとローズのお父さんの書いていることが似てるんですよ。お父さんは『スポーツ選手は化学肥料で作ったものは食べるな』と書いていました」

肩を治したい一心で浜村は食事を変える。徹底的に野菜を食べた。

「『キリギリスやなあ』って言われましたよ。とにかく野菜ばっかり食べましたねえ。治りたい一心でローズのお父さんの本通りにやっていたら、あるとき突然肩が治りましてねえ。だから僕は食事療法が効いたと思っています」

江本はすごかった

1964(昭和39)年、高校2年の夏は南四国大会の初戦(準決勝)で徳島商に敗れる。その徳島商を1―0で破った高知高が甲子園に進み、高知県勢として初の全国優勝を飾る。監督は溝渕峯男で、エースで4番が有藤。ただし有藤は1回戦の秋田工戦で顔面に死球を受け、ベッドの上でチームの試合を見守った。

高知高が甲子園で戦っているさなか、高知商は猛練習を続けていた。

南四国大会が終わって新チームになったとき、松田昇が監督を退いた。新監督はＯＢの伊藤秀雄である。監督交代で練習内容ががらりと変わる。

「僕は1年から使ってもらって感謝していますけど、松田さんはもう年がいってましてねえ、夏の大会の前なんかね、周りの畑のお百姓さんがトマトを差し入れしてくれるんですよ。それを冷やしちょいて『食べなさい』と。で、『レギュラーはテントの中で休んどきなさい』。僕ら1年で、フリーバッティングしたあとベンチでトマト食べながら休んでるんですから。体鍛えられませんわねえ。昔はすごく厳しい人だったそうですけど」

新監督の伊藤秀雄は全く正反対だった。

「とにかく走らされるんです。『こんなにやらされたら肉離れ起こす。お前、監督にゆうてこい』って言われて監督に言うたんですよ。そしたら『これを乗り越えんとだめや』と。それでみんなひと踏ん張りして。それから見違えるようにバッティングがようなりましたねえ。打球が飛びだしました」

練習であれだけ変わるものかと思うくらい変わった、と浜村は言う。

「伊藤さんは県の弁護士会長の息子さんで、喫茶店をやっていた人ですね。伊藤監督でチームがよみがえりました。江本を4番に据えて」

浜村から見て、エースの江本孟紀は怪物だった。江本は高知商から法大、熊谷組を経てプロ入り。東映、南海、阪神で活躍する。

「高校時代の江本の力はうらやましかったですねぇ。打球の速さなんかもすごかった。たまたま試合で僕がホームラン打てたぐらいのもんで、練習の実力ゆうたらもう全然違ってましたきねぇ」

浜村は江本をうらやましがるが、その浜村を目標にしていたのが有藤だった、と門田が明かす。

「有藤さんが僕に『高校までは浜村を目標にやっていた』と言うてたんです。1年下の浜村を目標にしちょったと。高校時代の浜村はずば抜けちょった」

伊藤新監督の下、高知商は猛練習を続けた。浜村はこう振り返る。

「伊藤監督になってから翌年2月までの7カ月が僕の野球人生にとって一番充

実した期間でした。どこに出してもこれは誇れます」

それだけ練習に打ち込み、チーム全体が力をつけた。高知商の黄金時代がすぐそこに近づいていた。

充実した日々は、しかし唐突に終わる。

史上最強チームだった

県高校野球チームの中で歴代最強はどこか、という話になると決まって挙げられるのがこのときの高知商である。エースで4番が江本で、主将で3番が浜村。ほかにも実力派をそろえた高知商は圧倒的な強さを誇った。夏の南四国大会で負けたのを最後に、1964(昭和39)年の高知商は練習試合も含めて連戦連勝。秋の四国大会も制覇して翌春の甲子園出場を決める。

高知市営球場(現高知市野球場)で開かれた四国大会は1回戦で丸亀商に8―2、準決勝で今治南に7―3、決勝は高松商に8―4。いずれも快勝だった。特に浜村は絶好調で、3試合連続ホームランを放つ。この記録は今も破られていない。

「二回戦は4回まで0―2で負けていたんですよ。押され気味でした。スタンドに前監督の松田さんが来ていて、僕を呼ぶんです。僕、キャプテンでしたから。4回の守備が終わったあとでした」

ショートの守備からベンチに帰るとき、スタンド最前列にいた松田昇に「ちょっと来い」と呼ばれたのである。

「松田さんのところに行くと、『これを伊藤君に渡しておきなさい』と紙を渡されたんです。で、ベンチに戻って伊藤監督にそのことを言うと、『そんなん破っとけ!』。すぐに破りましたよ」

松田は高知商から関西大を出て戦前の中国大陸へ渡り、天津商の監督をしていたほどの野球人である。見ているうちに血が騒いだのだろう、松田なりに攻略法を考えて紙にしたためた。しかし闘将・伊藤は伊藤なりに攻略法を考えている。前監督のアドバイスなんて必要ない。

5回に追いついたあと、浜村が逆転本塁打を放つ。

「相手投手は右サイドスローで、そのカーブを打ちました。勝ち越しのツーランホームランです」

2戦目の今治南戦でも浜村は勝ち越し本塁打を放つ。

「レフトへライナーで飛び込むホームランでした。今治南のピッチャーは左の金子(準一)。彼はその年の夏の甲子園に出ています。西条が甲子園で優勝したときのエースの弟です。打ったのはインコースの一番低めの難しい球でした。そのとき初めて監督に褒められたんです。『えいバッティングやったなあ』ゆうて。褒められたのはそのときだけです」

金子準一は今治南を卒業後、西鉄に入って浜村のチームメートとなる。金子の兄、哲夫は西条高のエースとして1959(昭和34)年夏の甲子園に出場、決勝で延長15回を投げ抜いて宇都宮工を下した優勝投手。卒業後、大阪タイガース(現阪神タイガース)に入団していた。

決勝に進んだ浜村は初回、バックスクリーンに先制本塁打を放った。

「ツーアウトランナーなしからでした。高松商のピッチャーは左の小坂(敏彦)です。彼は球の切れがよかったですねえ。ストレートとカーブ。カーブの切れなんか、そらもう高知県内では見たことがないくらいすごかった」

小坂は早稲田大に進んで活躍し、1969(昭和44)年のドラフト1位で巨人に入る。浜村が西鉄から巨人に移籍したのはその1年後。金子と同じく小坂も浜村のチームメートになった。

「甲子園がかかっていたからでしょうねえ、3本の本塁打は鮮明に覚えていますよ。映像として頭に残っています。今でも思い出しますもん。ほんのこの間《あいだ》のことみたいですよ」

1964年秋の四国大会準決勝、今治南のエース金子準一から勝ち越しのホームランを放って本塁に戻る浜村孝(中央のヘルメット姿)。この試合に快勝し、高知商は春の甲子園出場に大きく近づいた。背番号1は次打者の江本孟紀

天国一転、自殺騒動に

江本、浜村を中心に超高校級をそろえた高知商は、当然のように甲子園の優勝候補筆頭格に挙げられていた。ところが……。

「もう発表が出ていましたからね、甲子園出場の」と浜村が重い口を開く。1965(昭和40)年春の甲子園出場が正式決定していたということだ。発表後、浜村は監督から「甲子園まで友だちの家に下宿しろ」と言われる。このころ浜村の一家は宇佐から高知市に出て海産物店を営んでいた。「朝の早い仕事だから、親と一緒にいると睡眠不足になる」と監督は説明した。甲子園に向け、高知商はコンディションの調整に入る段階になっていた。

「それで友だちの家へ居候しとったんですよ。夜の7時にNHKのニュースを見てたらですねえ、突然『高知商出場辞退』って出たんです。びっくりしましたねえ。こっちには全然連絡なんてないし。明くる日が学期末の試験だったんです。その日の朝、全校生徒が講堂に集められて、校長が『辞退する』と。試験どころやない、全部白紙ですよ」

辞退の原因はささいなことから部員2人がけんかを起こし、相手の高校生がけがをしたことだった。春の甲子園が消えたことも衝撃だったが、その日、追い打ちをかけるようなさらなるショックが見舞う。高校野球連盟から1年間の対外試合禁止処分を下されたのである。練習試合も含め、他校との試合は一切禁止という厳しい処分だった。

1年間を棒に振るということは、夏の甲子園をあきらめるということでもある。浜村の高校野球はその時点で終わりを告げた。

「その日、僕は部室へ学ラン(学生服)置いて、後輩の下宿におったんです。もう家へ帰るのもつらいから。そうしたら夜中の12時ごろ、野球部長の先生がひょっこりその下宿に来て『お前、ここにおったんか』と。『みんなお前が自殺しとるかもしれんゆうて探しよったぞ』と言われて」

自殺しても不思議ではない、とみんなが思うほど浜村の落ち込みぶりが大きかったということだろう。

「たまたま学ランを部室へ置いとったんですよ。それで『どっかに行って自殺でもしちゅうがやないか』となったみたいで。部長は『おったんか、そうか』ゆうて帰ったんですが、明くる日学校へ行ったら先生や生徒からみんなに言われましたねえ。『お前、探したぞ』と。そんな思い出がありますねえ」

5回チャンスがあったんですよね、と浜村が言う。甲子園に挑戦できる機会である。3回を逃し、2年の秋は心機一転で臨んでいた。

「1年から使ってもらってましたからね、責任も感じていましたし。食事療法をずーっとやって、秋の大会の前にはお袋に頼んで、ミキサーのない時代でしたからね、野菜を搾ってもらったり。肉も食べますけどね、その何倍も野菜を食べて。僕はその当時、プロ野球選手になりたいなんて一切思ってなかったですからねえ。とにかく甲子園へ行きたいという一心でしたから」

半世紀を経て癒えぬ傷

多彩で豊富な人間関係を持つ門田にして「あんなえい人間はおらん」と評するのが浜村である。「浜村を悪うゆう人は一人もおらん。どこ行っても浜村孝を悪うゆう人は一人もおりませんき」と力を入れる。

「浜村とは保育園から今までずーっと友だちなのよ。なぜ友だちかゆうたら、浜村という優しい人間と、私みたいに言いたい放題言う人間が、性格が違うからバランスが取れちゅうがやと思う。これが一緒の性格やったら離れますわ。浜村がずーっとフォローしてくれるき。ずーっと親しいですねえ」

優しくてまじめ、温厚。そんな浜村の声が、高知商の処分内容について語るときだけは大きくなった。「長いですよ!」と。1年という対外試合禁止期間のことである。「下級生にも気の毒でねえ」

甲子園は消え、練習試合さえできない。

「夏まで（野球部に）籍を置けって言われたって練習する気になれませんわねえ。目標がないし。練習は下級生の手伝いとか、まあ自分なりにこつこつやるくらいのもので……。厳しい練習はできませんわねえ」

浜村の声が熱を帯びる。

「あれはねえ、連帯責任って言いますけどねえ、本人たちはかわいそうですよ。もう今、73歳。いまだに皆が集まったら『あれがああゆうけんかをしたから出場停止になった』とかね。（当事者は）高知へはなかなか帰って来れんのですよ。高野連にもちょっと考えてもらわんと。本人、2人だったですけど、それを外したら他の連中は出られるわけですから。それなら本人たちもチームメートに迷惑かけんでよかったと思いますけど。いまだに『皆に悪いなあ』という気持ちでおりますからねえ」

浜村によると、けんかをした2人とは中学時代から仲がよかった。

「(当事者は)10日くらいは家から出れんし、家に石を投げられるし。それはもう、たまりませんでした」

甲子園の優勝候補だった高知商の不祥事は県内の野球ファンに衝撃を与えた。無念さが怒りに変わり、矛先の一部が当事者に向かったのである。

「あのすごい反響を見て、(騒動を起こした当事者が)自分やなくてよかったと思いました」と浜村が明かす。「連帯責任の起源は昔の海軍かなんか知りませんけど、かわいそうですからねえ、やった本人たちが。一生ずっと背負っていくわけですから」

ふっと浜村が「子どものけんかですからねえ」と漏らした。ささいなけんかをしたがために、高校生が背負い切れないほどの重荷を背負う。半面、当時はまだ高校野球指導者の体罰(という名の暴力)がまかり通っていた。それは高校野球の鑑のように言われた籠尾ですら例外ではない。指導者の暴力が許され、子ども同士のけんかがなぜ修復不能な厳罰になるのか。その理不尽さが浜村の言葉にこもっている。

「えい先生に習いゆう」

門田も当事者の一人と親しかった。

一連の経緯を振り返りながら、「やったもんは加害者であって、大きな被害者にもなったねえ」と話す。加害者ではあるが、それ以上に被害者になってしまったという意味である。当事者の心情をこう説明する。

「自分ら2人がクビになるのはかまん。けんど、迷惑をかけた他のメンバーまで対外試合1年禁止とゆうような連帯責任を取らせるような罰の取らせ方はすべきじゃない、そう今でも思うちゅうみたいなねえ」

当時のことを「監督がたたくのは普通、普通。ぜんぜんかまんかった」と話す門田は、在りし日の籠尾を「こじゃんと怒る。すぐ手が出る。なんでやろうと思うくらいたたきまくりよった」と振り返る。批判しているわけではない。門田自身にはこんな思い出がある。

「高校のとき、ある先生にたたかれてねえ。ぼごぼご音がするなと思って。家に帰ったあと、親父が自分を呼びよったけんど聞こえんもんじゃき、『呼ばれたら返事せんかーっ』ゆうて親父が怒る。『呼んだち聞こえんけんど』言うたら親父が『どうしたがな』と」

門田が「鼓膜がねえ、なんか音がしゆみたいな」と答えると、「そらおんしゃあ鼓膜が破れたがよ。どうしたがな」と聞く。門田は答えた。「先生がたたいてきたがが耳へ入ったみたいな。それでパンゆうて破れたがやないろか」

父親は即座にこう言った。

「そらあ、放っちょったら治る。けんどおんしゃあ、えい先生に習いゆねや。そんなえい先生、恨まれんぞ。言うこときかん生徒をたたいてでも直してくれるという先生やき。たたいてでも直しちゃうという情熱のある先生やきねや、絶対に恨んだらいかんぞ」

もちろん門田も先生に文句を言うつもりはなかった。

高知商が出場を阻まれた1965(昭和40)年春の甲子園は、浜村らが下した高松商と、高松商が下した徳島商が準決勝に勝ち進んだ。

「両校とも準決勝まで進んでいますからねえ」と浜村がぽつり。のどまで出かかったのは「もし自分たちが出ていたら」という思いだろう。のちのちまで高知県の野球ファンも思っていた。「あのとき、高知商が出ていたら」と。優勝したのは岡山東商、準優勝が市立和歌山商。商業高校が強かった時代だった。

夏の甲子園が100回を迎えた2018(平成30)年、高知新聞社が県歴代高校球児のMVPを募集した。打者のベスト10を見ると、1位は高知高の甲子園優勝メンバー、杉村繁である。続く2位が甲子園でサイクルヒットを放った土佐高の玉川寿。3位は明徳義塾の甲子園優勝メンバー、森岡良介(中日、ヤクルト)。4位は高知高の甲子園優勝メンバー、有藤通世。そうそうたる甲子園勢が並ぶ中、5位に入ったのが甲子園に1回も出ていない浜村孝だった。それだけ高校時代の浜村が残した印象は鮮烈だったのである。

ついでに投手も挙げると、1位は伊野商の甲子園優勝投手、渡辺智男(NTT四国、西武、ダイエー)。2位が高知商の甲子園優勝投手、中西清起(リッカー、阪神)、3位が高知高の甲子園優勝投手、光内数喜だった。

夢にも思わぬドラフト1位

練習らしい練習すらできないまま高校野球を終えた浜村は、法政大に行くことを決めていた。プロに入るのは大学で鍛えてから、と考えていた。

「僕、小学校時代から南海の鶴岡(一人)監督の大ファンでしてねえ。周りはほとんど巨人ファンで、日本シリーズでもぜんぜん勝てないんですよ、南海は。で、南海のスカウトの人が来てくれたときに、僕が鶴岡さんのファンだから、法政でしょ、鶴岡さんも。それで、『法政を出て、まあ順調に上手になっておれば、そのときにお世話になります』言うて断っとったんです。スカウトの人が『そうか』言うてくれて、別れとったんです」

浜村が高校3年だった1965（昭和40）年秋、初めてのプロ野球ドラフト会議が開かれた。記念すべき第1回ドラフト会議で指名されたのは堀内恒夫（甲府商、巨人1位）、長池徳二（法大、阪急1位）、鈴木啓示（育英高、近鉄2位）、木樽正明（銚子商、東京2位）、藤田平（市和歌山商、阪神2位）ら。

法大に進む予定だった浜村は、福岡に本拠を置く西鉄ライオンズが1位で指名した。対外試合禁止のため、高校2年の終わりから浜村は練習試合すらしていない。その浜村が1位指名されたことに、当の浜村が最も驚いた。

「ドラフトのふたが開いたら指名されちょってびっくりです。ドラフトにかかるとは夢にも思っていませんでした」と浜村が振り返る。「僕はもう大学に行く頭しかなかったから。（ドラフト後も）法大に行くつもりで淡路島の洲本で行われた法大の12月キャンプに行ったんですよ。江本と僕ともう一人。3人で法政に行くもんなりにしとったんですけど……」

最終的に浜村は西鉄を選ぶ。

「いろいろと家庭の事情がありましてねえ。最後は親も『お前に任すから』ということで。僕が自分で決断しました。まあ、門田くらい裕福やったら大学行っちょったと思います(笑)。やっぱり自分の力は分かりますからねえ、上手な人の姿を見よったら」

「ハマに打たしてくれ」

1966(昭和41)年、プロに入った浜村は力の差に愕然とする。

西鉄ライオンズは1958(昭和33)年まで3年連続で巨人を下して日本一となっていた。鉄腕と形容されたエース稲尾和久に加え、中西太、豊田泰光らの長距離砲。そして魔術師と呼ばれた監督の三原脩。チームは野武士軍団と呼ばれ、今も野球界の伝説となっている。しかし浜村が入った１９６６年当時は野武士たちの引退に伴ってチーム成績は下降気味。１９６３年にリーグ優勝したものの、黄金期は伝説の彼方に去りつつあった。64年は5位、65年が3位。浜村が加入した66年と67年は2位に上がったものの、68年からは5位、6位に沈む。

ドラフト1位で獲得した浜村を、西鉄は一軍の試合に出しながら育てた。

「1年目に何打席か打席立たせてもろうとるんですよ」と浜村が言う。

初打席は阪急戦。投手は米田哲也だった。当時、パ・リーグで強かったのは南海と阪急。米田は阪急のエースで、のちに歴代2位の３５０勝を達成する。25勝で最多勝を受賞する１９６６年は20代の全盛期だった。

「仰木さんがプレーイングコーチなんですよ。で、仰木さんが『ヨネ、ハマに打たしてくれ』と」

のちに近鉄、オリックスで監督を務め、オリックスではイチローを見いだしたことでも知られる仰木彬は当時、西鉄の二塁手兼コーチだった。その仰木に「打たしてくれ」と声をかけられた米田は、どうしたか。

「真っすぐばかり放ってくるんですよ」と浜村が頭をかく。変化球を投げないからヒットを打ってみろよ、ということだ。しかし……。

「全く打てませんでしたねえ」

さすが米田、直球だけで浜村をねじ伏せた。

高橋先輩から初ヒット

公式記録によると、浜村の1年目は9打数無安打である。

「守備はさほど差があるとは思いませんでしたけど……。プロのピッチャーの球の速さとか、変化球の切れとか、全く違いましたねえ」

2年目の1967(昭和42)年、浜村は初ヒットを打つ。

「7月の30日か31日にヒットを打ったんです。相手は東映フライヤーズの高橋善正さん。打たしてくれたんです」

すでに書いたように、高橋善正は高知商の大先輩。浜村に高知商入りを固めさせた対浪商戦の主役でもある。高知商から中央大を経て前年秋のドラフト1位で東映に入団、この年が1年目だった。

「尾崎さんが3年目で打者に転向しましてね、この試合で初ヒットを打ったんです。1年目の柳田が8回に僕の代打で出てホームラン。3人の初ヒットが出たのがこの日です。池永さんが完投しました」

尾崎というのはのちにジャンボ尾崎としてゴルフ界の大御所となった尾崎将司である。徳島県立海南高のエースとして春の甲子園で優勝し、1965(昭和40)年に西鉄へ入団。投手は2年でやめ、打者に転向していた。記録によると、初安打は1967年7月30日。浜村の記憶通り、高橋善正からシングルヒットを放っている。この年はあと一本のヒット(二塁打)を放ってシーズン後に引退、プロゴルファーに転身する。つまり生涯安打数は2本。

その尾崎と同期入団したのが剛腕・池永正明だった。

池永のすさまじい力量は今も語り草となっている。下関商2年の春に甲子園で優勝。同年夏の甲子園は準優勝。西鉄に入った1965(昭和40)年に20勝して新人王。浜村が初安打した1967年には23勝を挙げて最多勝に輝いている。入団から5年で挙げた勝利は99。20代で200勝を超えるペースで勝利を重ねているさなか、落とし穴にはまる。プロ野球の八百長事件(黒い霧事件)に連座、1970(昭和45)年に永久追放処分を受けたのである。黒い霧事件についてはあとでまた触れる。

柳田はのちに「巨人史上最強の五番打者」と呼ばれる柳田真宏のこと。熊本県の九州学院高から西鉄入りして1年目だった。年齢も入団も浜村の1年後輩だったが、巨人にトレードされるのは浜村より2年早い。

柳田の放った本塁打が決勝点となり、この試合は池永が投げ勝つ。3人に初安打を与えた高橋善正は1971(昭和46)年に完全試合を記録し、2年後に巨人へ移籍。引退後、母校・中央大学の野球部監督などを務めた。

背番号？　うん、いいよ

初安打を放ったことで「だんだん慣れてきましたねえ」と浜村は言う。「その年は70試合くらい出たんじゃないかな」

公式記録を見ると、１９６７（昭和42）年は75試合に出場している。安打数は42で、うち二塁打が７、三塁打１。本塁打も５本放っている。３年目の翌１９６８年は１１４試合に出場、準レギュラーの地位をつかむ。

「3年目で背番号7になりました。それまでは16番だったんですね。ところが柳田が『16番ください』と言ってきて。彼、熊本県人で。『川上さんにあこがれとるから』と」

川上さんというのは川上哲治である。熊本工から巨人に入って打撃の神様と呼ばれるほどの活躍をし、監督に転じて9年連続日本一を達成した大監督。現役時代の背番号が16だった。

浜村の人のよさには定評がある。後輩の頼みに「うん、いいよ」と答え、球団に申し入れた。

「それまでは一塁手のジム・バーマが7番をつけていたんです。そのバーマさんが僕をけっこうかわいがってくれて、アメリカへ帰るときに『ハマ、この背番号あげるよ』って」

浜村は球団に「バーマの7を自分に、自分の16は柳田に」と申し入れた。牧歌的な時代だったのだろう、球団もそれをOKしてくれた。

牧歌的といえば1967年にはこんなこともあった。西鉄黄金時代に活躍したベテラン投手、若生忠男が500試合登板を記録した試合だった。

「1対1の同点から僕がサヨナラホームランを打ったんです。阪急の足立さんから。サードベースを回ってホームベースへ行きよったら、足立さんが『ナイスバッティング』って」

足立光宏はV9時代の巨人とたびたび日本一を争った阪急の下手投げエース。1967年は全盛期で、20勝を挙げてリーグMVPに選ばれている。声をかけてくれた足立に、走りながら浜村が答えた。

「ありがとうございます」

この年に優勝したのは阪急で、西鉄は2位だった。日本シリーズに進んだ阪急は、巨人に2勝4敗で敗れている。その2勝はいずれも足立が挙げた。

前年5位だった阪急は、この年を境に強くなる。1978(昭和53)年までの12年間に、リーグ優勝が実に9回。西本幸雄、上田利治という名監督が常勝軍団をつくり上げた。春のキャンプを高知市営球場で行っていたこともあり、阪急ブレーブスという名は高知県民にもなじみは深い。逆に西鉄は翌年から5位2回、最下位3回と下位に沈み、6年後には身売りされてしまう。

「全盛期からちょっと下り坂でしたが、いい雰囲気のチームでしたねえ」と浜村は西鉄を懐かしむ。「すごく家庭的で、みんな人がよかったですからねえ。中西さんはもちろん、稲尾さんも、あんな大スターやけど、すごくいい人でした」

編入試験で高知中に

高知商に進んだ浜村と別れ、門田は高知高に進んでいた。

正確には宇佐中の途中から高知中に移り、そのまま高知高に進んだ。経緯を説明すると、こうなる。

１９４９(昭和24)年、旧制高知高校などを母体として高知市の西端・朝倉地区に新制高知大学が創立された。１９７８(昭和53)年まで国立大は入試期別に１期校、２期校に分かれていたが、旧制高校を母体としたこともあって高知大は１期校に分類されていた。創設当時、敷地内にあったのが高知大教育学部附属中である。優秀な卒業生の行き先として、附属中の父母や県民有志は高知大附属高の設立運動をスタートさせる。しかし国立の附属高校があるのは都会がほとんどで、附属高を持つ地方大学は広島大、金沢大くらいしか例がなかった。

設立運動は盛り上がったものの、高知大附属高の実現はかなわないまま終わる。高知の場合、特異だったのはそこからの経緯である。

それなら自分たちで附属高をつくってしまおう、となった。

1957(昭和32)年、高知大の隣地に開校したのが私立高知学芸高校である。高知大附属中の卒業生をそっくり受け入れ、実質的には高知大附属高のような位置づけでスタートした。高知県内トップの進学校は土佐高だが、高知学芸高は開設当初からそれに次ぐ進学校という位置づけで見られていた。門田が10歳のときである。高知学芸高はその後すぐに高知大附属中から完全に切り離される。つまり私立高として完全に独立する。

門田が宇佐小学校を卒業する1960(昭和35)年、高知学芸高に中学が誕生した。高知市の西端なので学芸中高は地理的にも宇佐に近い。新設された高知学芸中を、宇佐小学校から7~8人が受験した。その中に門田がいた。

「落ちました。人が受けゆうき受けたみたいなもんで。親が『ひょっとして受かったら、のちのちえい生活ができやせんろか』ばあに思うたもんよねえ。宇佐から2人しか受からんかった。あとはみんな落ちました」

もともと勉強は好きではない。

「子どものとき、先生に『おんしゃあ誰のために勉強しゆがな』と聞かれて、『おかあのためよ』と答えた覚えがあるねえ。自分のために勉強しゆらあゆうて思いもせんがやきねえ」

宇佐中に通い始めたとき、高知中が編入試験をやるという話が伝わってくる。「ほいたら親が熱心になるわねえ」と門田。塾に放り込まれて勉強させられ、編入試験を受けて合格。中学2年から高知中に通うことになった。

合格者は多かった。

「編入組だけで60人くらい。1クラスつくっちょった。土佐、学芸を受けて落ちた連中ばっかりやった。みんなあ勉強するくせがついちょった」と振り返る。「高知高に進むときも試験を受けんといかんやいか。高校に入ったらその試験の成績優秀者60人でA組ゆう組を作ったわけですわ、高知高校が。そこへ私らのクラスから半分以上入っちょったきねえ。7つくらい組があった中で」

優秀な編入組の中で、門田は落ちこぼれかけていた。

「私ら高校へ上がれるか上がれんか分からんくらいの成績やき。先生に『よその学校へ受けに行かないかんろうか』と問いに行ったくらいです。『そんなん、受ける必要ない。普通にしよれ』ゆうてくれて、『それやったら高知高へ上がれるねえ』と。そりゃ成績は悪かった」

高知中高の歴史は古い。1899(明治32)年に設立され、何度か名前を変えたあと、1956(昭和31)年に高知中高という名称となった。翌57年には高知市中心部から西部の北端町に移転する。門田が通ったのは高知市北端町に新築・移転したあとの高知中高である。

甲子園で優勝を見た

1964(昭和39)年、夏の甲子園の高知高優勝を、門田は甲子園のスタンドで見た。

エースで4番の有藤は1回戦秋田工戦の第1打席で顔面に死球を受け、グラウンドにはいなかった。代わってマウンドを守ったのは2年の光内数喜(芝浦工大、鐘淵化学、高知中監督)である。2回戦の花巻商戦で、高知高は主将の三野幸宏(愛媛相互銀行)も頭部に死球を受けて入院する。大黒柱2人を欠いた高知高を優勝へと導いたのが、準決勝の宮崎商戦、決勝の早鞆高戦を連続完封した光内の右腕だった。

光内と門田は同級生で仲がよかった。

「光内が高知中の監督をしよったとき、高知中はずーっと強かった。県大会でもよう優勝しよったがですよ。優勝したらねえ、光内を肴に高知高の同級生が集まってなじみの焼き鳥屋で一杯やりよったんです。まあ、集まるためのきっかけよねえ。『光内が勝ったきねや、集まらんか』と」

実は門田は全く酒が飲めない。酒を飲もうものなら「心臓がふたふたして、じんましんが出て、頭が痛うなる」。顔をしかめて「一滴も飲めん」と話すのだが、酒場にはせっせと行く。同級生の集まりにも欠かさず出る。

「光内は5年ばあ前に亡くなりましたけどねえ。ずっと親しゅう付き合いよったです。高知市長浜の男で、彼も浜をずっと走ってねえ、足腰を鍛えてましたねえ。人間のええ男やった。葬式もそうやけど、四十九日とかいろいろ、奥さんから電話があって、『友だちだけでやりたいき来てくれんか』とかねえ。光内にはずっと親しゅうしてもらいよったですねえ」

甲子園の決勝戦は見に行ったが、「けんど僕はあんまり興味ないがです、野球に」と明かす。「知り合いが野球関係におるので見に行った」

なぜ野球関係に知り合いが多いのか、門田本人にも分からない。

「なんか知らんけど、自分はやってないのに、努力をして頑張った人らあが声をかけてくれるがです。僕は相手にごますったようなものの言い方はせんがです。むしろこきおろすようなことを僕は言うがです。それやのにどうして僕と親しゅうしてくれるろねえ」

勉強はしておりません

1966(昭和41)年、高知高を卒業した門田は東京に出て専修大学に入る。ここにも少々複雑な経緯がある。

大学受験に失敗し、受かったのが専修大の夜間部だった。仕方なく夜間部に通う。東大にほど近い本郷の下宿屋に住んだ。

「たぶん西松建設の息子やったと思うけど、おんなじ下宿におったがよ。東大を滑って、早稲田の理工に受かって、それを蹴って浪人しよった。その部屋がねえ、いつでも電気がつぃちゅう。どんな夜中に見ても電気がつぃちゅう。ひとつそれに張り合うちゃれと思うて、そのときに勉強したがですよ」

門田にとって、生まれて初めての猛勉強だった。

「そしたらねえ、八つか九つか、全部優が取れたがよ。あと一つ取ったら特待生ゆうところまでいった。そのとき知ったがやき。答えのある勉強は難しゅうないと。それで一発安心よねえ。ぴたっと勉強せんなった」

学校から連絡がきた。「昼間部に行きたければ無試験で行けます」。もともと昼間に働いているわけではない。2年から昼間部に通った。

「1年のときにものすごく単位を取っちゅうがよねえ。2年でもせっせと単位を取って、2年までで卒業に必要な単位の九十何パーセントを取った」

時代はベトナム戦争反対の声が高くなっていた。学生運動が盛り上がり、やがて全共闘が登場する。1968(昭和43)年になると全共闘はヘルメットにゲバ棒、バリケードで大学に立てこもり、機動隊と対峙するようになった。

多くの大学が授業どころではなくなっていた。門田の場合、２年までで単位はあらかた取っている。大学から足が遠のいた。

「３年、４年はあまり行ってないです。３年は６カ月、４年は10カ月宇佐の実家におりました。勉強はしておりません」

宇佐の実家に帰っていた理由は父親の病気だった。

「もともと結核を患うちょってねえ、輸血したときになんとか肝炎になって。そう、Ｃ型肝炎か。仕事をしたらすぐにだれよった(疲れていた)。大学３、４年のとき実家におったのも、『おんしゃあ勉強しやせんがやき、家を手伝え』言うておらされたのが一つの理由。親子で仕事しよったらすぐけんかになるもんじゃから嫌でねえ。『出て行きたい』と言うたら親も親で『戻ることたあない』ゆうたがやけど。結局戻って来たねえ」

おじさんは銀時計組

1年のときの下宿は後楽園球場にも近かった。

「下宿の窓を開けちょったら後楽園からワーッゆう声が聞こえてくるがです。そんな近くに下宿しちょってですねえ。浜村が西鉄で遠征に来るでしょ。ゲームが終わったらメシ食わしてもらうがです」

当時、後楽園球場はセ・リーグの巨人とパ・リーグの東映が本拠地にしていた。福岡を本拠にしていたパの西鉄もたびたび遠征に来た。

「高知から東京に行っちゅう連中、高知商を出た連中とかが集まって、野球の切符、ただの切符をもろうて。ゲームを見ちょいて、浜村を待ちよって、浜村におごってもらいよった。ラーメン食いに行ったり、メシ食いに行ったりするがやけど、そんなことをずっと続けよった」

2年のとき、小田急線の成城学園前に移った。叔母の家に下宿したのである。門田にとっては全く場違いな高級住宅街だった。

俳優や女優の家が多かった。2軒隣に香川京子がいて、「幼稚園や小学校のころは映画の券をよくくれた」と門田が思い出を語る。100メートル《メートル》離れた場所には石原裕次郎の家があった。三船敏郎の家もあった。田村正和・亮の兄弟にもときどき会った。司葉子の家は大きくて驚いた。「坪1千万のところにこんな大きな木が何本も植わっちゅうがやき。広かったねえ」。そうそうたる邸宅が並ぶ中、「おばさんの家は一番小さかった」とも。

叔母の夫は中国文学の訳者としても知られる石上韶《たかし》である。神奈川県出身で、1937(昭和12)年に東京帝国大学卒。同盟通信に入り、戦後は共同通信の仙台支社長などを務めた。退職後に中国語を独学。中国の小説家、巴金(1904~2005)の『随想録』『探索集』など5冊を訳した。門田とは最も縁遠いタイプだが、気が合ったらしい。門田が振り返る。

「銀時計組ゆうてね、二番で東大を卒業した人やったらしい。一番の人は金時計組やけど、一番にはどうしてもなれんかったゆうて言いよった。一番の金時計の人は先生が言うたことを全部覚えちょったと。『これにはどうしても勝てんかった』と言いよったねえ。出世欲とかが全くない人間で、中国語は60歳になってから勉強した。それで日本語の翻訳までやるがやき。そんな人やった」

石上から見ると、門田という人間は驚きの連続だった。

「おんちゃんがねえ。こう言うた。『トヨさん、おまんばあ勉強せんやつは見たことがない。そんなに勉強せんと、不安にならんかよ』と。家で一切本を開かんがやきねえ」

たとえば4年時の必要単位は1科目だけ。英字書の日本語訳をリポートにするのが課題だった。購入した英書を門田は石上に渡してこう言った。「おんちゃん、訳いちょって」。そのとき、石上が言ったのが「不安にならんか」だった。

「不安にならんかゆうて聞かれたき、『私がねえ、一生懸命勉強してもねえ、人に勝てん』と。『自分が勉強するより、賢い人に助けてもろうたらえいがじゃ。そういう賢い人の人脈をつくるがが自分の仕事じゃ』と。そんなふうに答えたことを今思い出した。勉強をせん理由付けよねえ」

門田から見ると勤勉を絵に描いたような石上が不思議だった。

『おんちゃんはどうしてそんなに勉強をしたが？』ゆうて聞いたらやねえ、『世の中に取り残される』と言いよった。世の中に取り残されたらいかんと思うてぎっちり勉強しよったと。取り残されるというコンプレックスがあるき、突き動かされて勉強するがやと」

好対照な人格だったからこそ認め合っていたのだろう。石上は幾つかの著作と訳書を残し、1988（昭和63）年に75歳で亡くなっている。

楽しかった会社生活

1970(昭和45)年、専修大を卒業した門田は大阪の会社に就職する。淀川製鋼所の子会社だった。配置先は東京となった。

「2年間、私はその会社へ行きよったけんど、一番最初の給料から前借りをさせてもらいましてねえ。2年間まともに給料をもろうたことが一回もなかったです。とにかく給料日に500円とかいう給料やったがやき。そしたらその日にまた来月分まで借りんといかんなるわねえ。そんな生活を2年間続けたがやき」

自分でも使うし、気前よく人にも貸す。

「よっしゃよっしゃ貸しちゃうゆうて、自分が借りて貸しちゃったりしてやねえ。課長らあも自分に『貸してくれんか』ゆうて金を借りに来よったきねえ、

2000円、3000円やけど。そんなが楽しいわねえ」

金を貸して何が楽しいかといえば、こんなことをやっていた。

「人のおるところで『課長、こないだ貸した金もどいてくれんかよ』言うたらねえ、『人前で言わんとってくれ』ゆうて言うがやき。人前で言うから値打ちがあるわけよ。効き目がある。そんな会社で2年間おりましてねえ」

会社は楽しかったが、実家に困難が生じていた。病気がちだった父親がとうとう入院したのである。門田が戻って石油店を継ぐしかない。会社を2年で辞め、高知に戻ってきた。

すでに触れたように、祖父の代まで門田の家はカツオ船を出していた。

「それが親の代で潰れたんです。私が小学5年ぐらいやったかな、10歳ぐらいのときに親父が油屋を始めまして」

門田が引き継いだのが24～25歳のとき。以来約50年、門田は車にガソリンを売り、漁船に重油や軽油を入れてきた。

「15年親父がやったのを引き継いで、『親父は一切ものを言わんでくれ』と言いながら自分でゴトゴトやった。けんど努力するがが嫌いやから、全然会社が太らんがですわ」と笑う。「小さい油屋でそのまま現状維持ですねえ」

門田の人柄だろう、50年前に辞めた会社とは今も交流がある。

「会社におったときのイメージがよかったかしらんねえ、僕はたった2年しかおらざったのに、ゴルフの大会じゃなんじゃかんじゃの案内が来るがです。いまだにねえ、社長との交流もありまして。ものを贈ったり贈られたりゆう関係がねえ、ずっと続いていきます。なかなか楽しい会社やったですねえ」

中西監督がVサイン

浜村がいた当時、西鉄ライオンズの監督は中西太だった(最後の1年は稲尾和久が監督)。

中西太には門田も思い出がある。後楽園球場に遠征していた西鉄が九州に帰るとき、門田は東京駅へ浜村に会いに行った。1967(昭和42)年ごろのことである。

「何かを頼まれて持って行ったと思う」と門田が記憶をたぐる。「何か渡さんといかんもんがあって、それを持って行った」

ホームに出ると九州に向かう列車が入線していた。

「西鉄の連中が一等車に乗っちゅうのを窓からのぞきよったら、監督の中西さんがこっちにVサインを出しゆうがです」

なんじゃろかと思って門田は列車の中に入っていった。当時から門田には物おじというものがない。

「何ですか?」と中西に聞くと、中西は言った。

「ハマ、二等じゃ」

浜村は二等車にいる、ということだ。つまりVサインではなく、2。

「年上の人とどっちが二等に行くかとなって、浜村が二等に行ったようですねえ」

当時はＪＲではなく国鉄。一等車、二等車は１９６９（昭和44）年５月に廃止され、現行のグリーン車が登場する。新幹線は１９６４（昭和39）年に開通していたが、博多まで延伸するのは１９７５（昭和50）年になってからである。

中西が門田の顔を覚えるほど門田は足繁く西鉄の遠征先、後楽園球場に通っていた。浜村によると、「門田の顔は中西さんもよう知ってましたよ。中西さんとも門田は何回もメシ食べちょったですから」。

門田が言う。

「浜村が招待券を構えてくれちゅうわけよ。球場にね、選手・報道関係者出入り口というところがあって、そこへ行ったらやね、構えてくれちゅう招待券を渡してくれる」。招待券で野球を見物し、試合が終わると浜村たちからご飯をご馳走してもらうのである。

浜村が「いいチームだった」と振り返る西鉄に激震が走ったのは１９６９（昭和44）年の秋だった。黒い霧事件の勃発である。

当時、暴力団が介在する野球賭博が流行していた。現役選手が金を受け取り、八百長をしているのではないか。そんな噂が出ていた1969年10月8日、ある新聞が「西鉄・永易投手が八百長試合」と報じる。疑惑の渦中にいた永易将之が姿をくらましたことで報道のボルテージはさらに上がっていった。姿を現した永易が八百長を認め、さらに八百長選手の名を挙げるに至って国民の耳目がプロ野球界に集中した。

翌1970(昭和45)年5月、処分が発表された。永久追放された選手は永易ら4人。全員が西鉄の選手だった。若きエース、池永正明がその中に含まれていたことに野球ファンはあっと驚いた。池永は八百長をしたわけではなかったが、渡された金を返していなかったことが問題にされた。

5年おって200万

黒い霧に揺れた1970年、浜村の運命も変わる。シーズンオフ、西鉄から巨人にトレードされたのである。巨人は日本シリーズでロッテを破って6連覇を達成したばかり。球界の王者だった。浜村が言う。

「黒い霧があって、各球団が警戒しましてね。西鉄が成立させたトレードが僕たち1組だけなんですよ。西鉄からは僕と広野(功)の2人。巨人からは3人で、2対3のトレードやったです」

警戒したのは八百長に関わった危険性である。トレードで取った選手が八百長に関わっていたら目も当てられない。最も危ないのが西鉄選手だから、百パーセント大丈夫な選手でない限り西鉄の選手とはトレードしないということだったらしい。広野は慶大、中日を経て2年前に西鉄に来たばかり。浜村を含め、この2人は黒い霧とは全く無縁と判断されたことになる。

西鉄時代の浜村の成績をまとめると、こうなる。

一軍の試合に数多く出始めたのは入団2年目の1967(昭和42)年で、先に書いたように75試合に出場、193打数42安打(打率二割一分八厘)、本塁打5本。3年目は114試合に出場し、253打数60安打(打率二割三分七厘)、本塁打3本。4年目は85試合で240打数51安打(打率二割一分三厘)、本塁打4本。5年目の1970(昭和45)年は89試合に出場し、190打数44安打(打率二割三分二厘)、本塁打1本だった。

「僕はあんまり巨人が好きじゃなかったんですよ。鶴岡監督が好きだったので、南海が好きで。でも西鉄も黒い霧で人が抜けたし、僕もあまり使われなくなっちゃったから、(トレードも)まあいいかな、と」

新たな背番号は29。宇佐中の1年後輩、山下司は31番の背番号をつけていた。守備位置は浜村がショート、山下は二塁だった。

「後楽園球場でねえ、割と早めに、開幕何試合目かにスタメン（先発出場メンバー）で試合に出してくれたんですよ。そのとき『これが1千万プレーヤーか』って周りを見回した覚えがあります。長嶋さん、王さんがどのくらいもらいよったか分かりませんが、森（祇晶）さん、土井さん、高田さん、柴田さん、みんな年俸は1千万円の大台に乗っていましたからねえ。自分が200万円ちょっとで、ショートのど真ん中に立っちょって。『うわー、これが大台のプレーヤーたちか』と。今やったら年俸1億が大台とか言うやないですか。あの時分は1千万円やきね」

現在では数億円の年俸をもらう選手も珍しくはないが、昔は1千万円が大台だった。年俸の上がり具合も低かった。浜村が振り返る。

「180万円で（西鉄に）入って、5年おって200万円ちょっとでした。100試合出ても年俸は上がらんかったですねえ」

今と比べると年俸は低かったが、当時のプロ野球選手は国民的な人気者だった。テレビの巨人戦にお父さんも子どもたちもかじりつき、視聴率は20％を超えて当たり前（最近の巨人戦視聴率は一ケタが普通）。注目度の高い試合は40％近い視聴率をたたき出すこともあった。少年誌の表紙を飾る定番もプロ野球選手だったし、男の子たちが最初にたしなむスポーツといえば草野球だった。

長嶋さんに誘われた

1971(昭和46)年、巨人に移った浜村は大スター、長嶋茂雄と三遊間を組んだ。日本プロ野球界最大のスター、長嶋茂雄である。

千葉県出身で、高校野球界では無名の佐倉一高から立教大へ。東京六大学でスターとなり、鳴り物入りで巨人に入る。1年目の1958(昭和33)年から4番に座り、生涯安打は2471本(打率三割五厘)、本塁打444本、盗塁190。1974(昭和49)年に引退し、巨人軍の監督に就任する。巨人の監督は二度にわたって務め、現在も終身名誉監督に就いている。

浜村にとって長嶋は別格の存在だった。

「巨人が好きじゃないゆうても小さいときは長嶋さんの大ファンでしたからねえ。小学校とか、小さいときはユニフォームなんてない時代でしょう。肌着のシャツに長嶋さんの背番号『3』を書いてもらってねえ」

その長嶋に「すごくかわいがってもらった」と話す。

「試合前、若手の練習が終わったら長嶋さん、王さんがグラウンドに来るんです。長嶋さん、王さんがランニングして、フリーバッティングして、それから試合なんですけど、僕いつも長嶋さんのランニングパートナーでした」

長嶋は酒が全く飲めない。別格のスターだったためか、同僚選手をメシに誘うこともほとんどなかったが、浜村は一度誘われた。

「広島でねえ、雨で試合が流れたときやったと思います。『ハマ、今晩メシ食いに行こう』って言われたんですよ。『お願いします』と答えて。高知で言うガシラ、分かります？　魚のガシラ。ガシラを食べに連れて行ってくれたんですよ。というか、行って出てきたのがガシラやった」

宇佐育ちなので、小さいころからガシラは頻繁に食べている。「小さいときからなんぼでも食べてるなんて言えんやないですか」と笑う。

なぜ浜村を誘ったか。

「そこで僕に聞きたいことがあったんでしょうねえ。黒い霧のことで質問があったんです。『どうして池永らが永久追放になったんか』と。そう言われたので、僕、まあ、西鉄のOBとかから聞いてたことを答えたんです」

浜村が聞いていたのは、コミッショナー(日本プロ野球の最高責任者)に呼ばれたときの態度の問題だった。

「質問をいろいろ受けるわけですよ、コミッショナーから。そのときの態度が悪かったゆう話を聞いてたんです。おそらく人間やから、なんぼ八百長に関係しとっても、反省の色があったら、まあ寛大な処置をするとゆう話だったらしいんですけどね。長嶋さんにその話をしたら、『それやから日ごろの生活態度が本当に大事ぞ』と言われました」

長嶋のアドバイスは浜村の心に深く残っている。

「あのときはホントにうれしかったですねえ。真剣に話してくれましたねえ、『日ごろの生活を大事にせないかん』と。長嶋さんは忘れちゅうと思いますけど、聞く方はねえ。神様みたいな人ですからねえ、一生覚えています」

この年、巨人はＶ７（連続７年日本一）を達成する。首位打者が長嶋茂雄、本塁打王と打点王が王貞治、盗塁王が高田繁、新人王が関本四十四（糸魚川商工）。日本一を連続９年にまで伸ばす全盛期巨人の７年目だった。

「長嶋さんが34か35歳くらいでして。ちょっと力が落ちたかなあゆうときやったんですけど、その年に長嶋さんが食事療法をして。肉をやめて、野菜と魚に替えて、首位打者を取ったんです。長嶋さんと三遊間を組んだのは何十試合かですけどねえ、試合前の練習ゆうのは、三遊間ですから、一緒にノックを。ずいぶん一緒にノックを受けさせてもらいましたねえ」

「ジャイアンツの王です」

守備位置が隣同士ということもあり、長嶋とは触れ合う機会が多かった。

「長嶋さん、一般にはおっちょこちょいみたいな評判があるでしょう。違うんです。ユニフォームを着てグラウンドへ来たらあんまり冗談も言わんし、ふざけて笑ったりもしませんしね。すごくまじめですよ、野球に対して」

長嶋がすごかったのは、ここ一番というヤマ場で鮮烈な印象を残したことだ。

「巨人―阪神戦で、江夏(豊)が投げているときに、巨人が負けていましてて。チャンスで長嶋さんがバッターボックスに入ったときの燃え方といいますかね、集中力というか、その姿を見たときはびっくりしましたねえ。ベンチで皆が『ここは絶対打つぞ』ゆうて言いよったらやっぱり打つんですよ」

一緒に三遊間を守ったときのエピソードもある。

「巨人─阪神戦で、その方はロッテから阪神にトレードされちょったんですよ。私パ・リーグにいましたから、その選手と試合をやってるわけです。左ピッチャーのときにそのバッター、すごく三遊間が多かったんですよ。今考えたら怖いですけどねえ、恐ろしいですけど、あの天下の長嶋さんに『長嶋さん、三遊間多いですよ』って言ったんですよ。長嶋さん、片手を挙げて一歩も寄ってくれませんでした。打球？　やっぱ三遊間に飛びましたよ。ヒットになりました」

当時、浜村は24歳ほど。長嶋は雲の上のスターだった。

「お客さんをすごく意識していましたねえ。ローカルな名古屋とか阪神とか、色が強いやないですか。名古屋とか行ったらものすごくやじられるんですよ。アンチ巨人が多いから。長嶋さん、シートノックのときにわざと暴投ったりするんですね。お客さんには当たらんように。『こらーっ、長嶋ーっ』ゆうてお客さん言いますわねえ。そしたら『アクション、アクション』ゆうて平気な顔で言うて。普通はできませんよ。試合前のシートノックでそんなこと」

守備位置が隣同士だった長嶋とは対照的に、王とはあまり話した記憶がない。「王さんとゆっくり話したのは門田と行ったサウナが初めて」と笑う。この書の冒頭に書いた高知新阪急ホテルのサウナのことである。ついでに書くと、サウナではウルメの話もした。「生まれてこのかたウルメを一匹も食べたことがない」と王が言うので、驚いた浜村は王の東京の自宅に後日ウルメの干物を送る。ウルメが届いたころ、浜村海産に1本の電話がかかってきた。

「『王です』って電話があったらしいんです。従業員が出たんですが、『王です』って言われても分からんやないですか。『どちらの王さんですか?』と従業員が聞いたら『ジャイアンツの王です』と。ダイエーの監督のときですよ」

ダイエーの監督に君臨していても、王といえば巨人。そして巨人といえば長嶋、王ということだ。

「それだけやっぱりジャイアンツのときのイメージが強いんでしょうねえ」

「采配じゃ勝てんのう」

監督の川上哲治にも思い出がある。

川上は1920(大正9)年生まれ。甲子園で二度準優勝したあと、投手として巨人に入団。打者に転じ、「安打製造器」と形容されるほどヒットを量産した。名人の域に達した象徴として語られる言葉に、「ボールが止まって見える」がある。引退後、監督に就任。管理野球を導入し、前人未到の9年連続日本一を達成している。威厳と権力から「ドン川上」とも呼ばれた。

「国松さんらあが、『若手は監督の横におれ』ゆうてねえ。監督の隣におらされたんです。うっとうしいき、みんな監督から離れるんですよ。若手が怒られ役で行かないかんわけよ」

川上の隣なんて恐ろしくて誰も座れない。だからこそ若手が行かされるのである。国松彰は王、長嶋の脇を固めた巧打の外野手。V9の前半を担って活躍したあと引退。浜村が巨人の戦列に加わった1971(昭和46)年には一軍打撃コーチを務めていた。

「監督の横にいたらねえ、川上さんも孤独やし、話をするがよ。僕らみたいな何十も年の離れたがをつかまえて。『のう浜村、采配じゃ勝てんのう』とか。『お前、トランプでも6連覇はできんろう』とか」

川上はコーチや選手に絶対服従を求めたといわれている。その基盤の上に管理野球を導入し、常勝巨人軍をつくり上げた。下に服従を求めるということは、上が孤独になることを意味している。おそらく何か言葉を発したいときもあるのだろう。そんなとき、隣にいる浜村らにぽつりぽつりと話をする。

もとより返事を求めているわけではない。相づちを求めているわけでもない。ただ言葉を発したいのである。

「ほんと、川上さんが僕に言うんですよ。『トランプでも6連覇できんぞ』ゆうて。そんな感じですき」

ゴロが捕れない!

巨人に入ったとき、浜村は守備のスランプに襲われている。ゴロが捕れなくなったのである。

「プレッシャーあったんでしょうねえ。ジャイアンツの看板を意識して、ちゃんとやらないかんと思って。うまく捕らないかん、うまく捕らないかん、と思ってると、精神的に硬くなるんですよねえ」

悩みあぐねてコーチに相談する。

「昔の話やき勘弁してもらうけど、牧野さん、あの人がねえ、いい加減なもんでねえ、牧野さんに聞きに行ったんですよ。『ゴロが捕れなくなりました。捕り方はこれでいいでしょうか』って。そしたら『お前はそれでいいんだ』って。こっちは悩んで聞きゆうのに」

牧野茂。1961(昭和36)年、巨人の一軍コーチに就任。川上哲治監督と組んで1965(昭和40)年からのV9を実現した名コーチである。米大リーグのドジャース戦法を学ぶなど、理論家として知られていた。

「僕が試合に出だしたら『お前はヒット打たんでえい』みたいなことを言うんですよ。こっちは打ちとうてたまらんのに。打たんと出れませんからねえ。要するにレギュラークラスをしっかりつかんでおいたらええんですよ。レギュラーがしっかりしとるから、それにくっついておったらコーチは安泰ですからね」

仕方なく浜村は西鉄時代のコーチに電話する。

「河野旭輝さん。元阪急で、福本(豊)さんに破られるまで盗塁の日本記録を持っていた人です。バッティングの方もされていましたけど、守備コーチもされていたんです。のちに阪神に行かれたんですけどね。その人に電話したんです。『ゴロがうまく捕れません』と」

河野の返事は明快だった。

「『お前、ゴロを捕らないかん、捕らないかんと思うとるんやないか』と言われましてねえ。『そうしたら腕が硬うなる』と。『捕ってやるわい、くらいの気持ちでおったら腕がリラックスするから捕れるわ』と言ってくれて、それでずいぶん楽になりましたねえ」

すべては一瞬だった

巨人1年目の1971(昭和46)年、浜村の成績は39試合に出場し、45打数6安打。本塁打ゼロ。

翌年2月、キャンプに行く直前に浜村を不幸が襲う。

「前年秋にオリオールズというアメリカの大リーグでリーグ3連覇中のチーム

が日本に来たんですよ。『パワーがぜんぜん違う、巨人もパワーをつけないかん』と川上監督が言うて。それで、キャンプ前に国立競技場に行ったんですよ。2月10日でした」

その日、東京は大雪だった。

「ほんでウエートトレーニングをして、バーベルとかね、ああいうのをやって、次は多摩川グラウンドへ行って、雨天練習場でバッティングしようと。車で国立競技場から多摩川グラウンドに向かってたんですよ。ほんなら大雪で、チェーン巻かんと走れん。で、先輩のマンションの下でチェーン巻いてたんですよ」

マンションの地下でタイヤにチェーンを巻いた。巻き終わり、浜村は「オーライ」と先輩に合図を送った。と……。

「車が暴走みたいな感じでバックしてきて。それからあんまり記憶がないんですよね」

気づいたとき、右の小指は切断され、薬指は曲がっていた。

「小指切断と薬指の複雑骨折です。小指はもうその時点で切断、薬指は3年間曲がったままでした。マンションの地下に大きなコンクリートの柱があるじゃないですか。あれと車の間に挟まれましてね」

正確には車のドアとコンクリートの間に挟まれたらしい。ドアが開いたまま車がバックしてきて、とっさに手を出したとみられている。

「ドアが開いたまま車がバックしてきたもんやき、僕はドアを閉めようとしたんでしょうねえ」

すべては一瞬のことだった。

「練習に戻ったのは6月か7月くらいでしたねえ。右手は3本指ですよ。投げるのはできるんです、3本指で。捕るのは痛いですよ。(右手薬指に)当たったらひせる(叫ぶ)くらい痛い。薬指、いまだに痛いです」

その年の暮れ、浜村は巨人を解雇された。25歳だった。

「まあ、ドンくさいから仕方ないですわねえ。打つ方も打てないわけやないですが、何カ月も練習できなかったですきねえ」

「どこの組のもんです？」

浜村の運命を変えた１９７２(昭和47)年２月、日本社会でも大変な騒動が起こった。連合赤軍事件である。

舞台は長野県軽井沢町。１９７２年２月19日、武力革命を掲げた「連合赤軍」のメンバー5人が同町内の保養施設「あさま山荘」に人質をとって立てこもった。5人はライフルなどで武装し、取り囲む警察と銃撃戦を展開する。テレビは緊張感あふれるその模様を全国に生中継した。立てこもりは10日間に及び、国民の多くがテレビに釘付け状態に。人質は無事救出されたが、警察官２人を含む３人が死亡した。のちに連合赤軍の仲間12人が「総括」という名のリンチで殺害されていたことも分かり、それもまた話題を独占した。

浜村はそのテレビ中継を東京の自宅で見ていた。

「ずーっと家で見ていました。どこにも出れんですから」

病院は目黒区の東邦大医学部附属大橋病院に通っていた。連合赤軍事件だけでなく、世は妙にざわめいていた。この年の前半にあったのは、ニクソン訪中、川端康成自殺、沖縄返還、イスラエルでの日本赤軍銃乱射事件、佐藤栄作首相退陣などなど。学生運動は内ゲバの時代に入り、暴力団抗争も断続した。日焼けした25歳の青年は変な誤解をされることもあった。

「その病院には機動隊の隊長がけがをした隊員を連れてくるんですよ。こっちは小指がないでしょう。それに当時、野球選手はみんな坊主頭なんですよ。僕が治療しよったら、機動隊の隊長が医者の先生に聞くんです。『先生、あれはどこの組のもんです?』と。それ聞いて先生が笑うわけですよ。まあ、仕方ないですよねえ。坊主頭で色は黒いし、小指はないし」

１９７２(昭和47)年のオフに巨人を解雇されたあと、浜村は妻の実家がある北九州市の小倉に行く。３年間、全く違う仕事をする。

「3年間ですねえ、九州へ戻っていろんな仕事をしました。3年目の12月だったと思いますけど、西鉄のOB戦があったんですよ。それに行ったんですよ。そう、昭和50年(1975年)の暮れやったと思います」

ボールを追うのは3年ぶりだった。

「守備はできたんですよ、3年間野球やってないのに。そしたら先輩に『お前、守備要員でテスト受けんか』と言われまして。また調子に乗って入団テストを受けに行ったんですよ」

調子に乗って入団試験を受けたというのは事実ではない。本当の理由は妻だった。浜村は巨人に加わった1971(昭和46)年の12月に結婚していた。けがをしたのはその2カ月後である。

「僕は妻に一軍で戦っている試合を見せてないんですよ。それが心残りになっていましてねえ、もう一度一軍で試合に出て、その姿を妻に見せたいなあと。それが本心でした」

真弓、若菜と二軍で2年

黒い霧事件のあと、西鉄ライオンズはどん底の時代が続いていた。

黒い霧に揺れた１９７０(昭和45)年は球団初の最下位。翌１９７１年は全球団に負け越してまた最下位。１９７２年も全球団に負け越し、３年連続最下位。経営状態も悪化し、72年10月、西鉄は球団の身売りを決める。受け入れ先は新設された「福岡野球株式会社」だった。リゾート開発の「太平洋クラブ」と提携し、球団名は太平洋クラブライオンズとなっていた。

浜村がテストを受けたのはこの太平洋クラブライオンズである。１９７６(昭和51)年のことだった。28歳の浜村は一次テストに合格し、長崎県島原市で行われた春の球団キャンプに参加する。

「2月の島原キャンプにも行って、でまあ『採用しよう』ってことになったんですよ。二軍で2年やりました。真弓、阪神監督だった真弓。若菜、それから立花義家が一緒でした」

一緒だった3人はいずれも福岡県の柳川商業出身。真弓明信、若菜嘉晴は1979(昭和54)年のシーズンから阪神に移って活躍。立花義家は引退後、ダイエー、オリックス、西武、ロッテ、ソフトバンクのコーチを歴任する。

「立花はね、門田を崇拝してますよ。面白いから。西武のときもそうだし、ダイエーのときもそうですよ。高知へキャンプに来てるでしょ、もう10回かそこら食事してますから」

小久保にアドバイスした調子で立花にもやっていたのである。小久保は和歌山の出身で、立花が福岡。土佐人らしいにぎやかなはったりが南国系の波長に合うのかもしれない。

命名権を持つ冠スポンサーが太平洋クラブからクラウンガスライターに変わり、1977(昭和52)年からチーム名はクラウンライターライオンズとなる。浜村は太平洋クラブとクラウンライターに1年ずつ在籍した。

「そんなことで真弓、若菜、立花と一緒に2年やりました。それがすっごくいい経験になりましたねえ。それまでは二軍の経験があまりなかったので、二軍の苦しさというか、二軍の選手がどんな気持ちでやっているか、すごく勉強になりました」

結局二軍のまま１９７７年末に契約解除となり、そこで現役は終わる。

「そのあと10年間サラリーマンやりました。小倉で。いろいろやりました。ゴルフ会員権を売ったりねえ、ゴルフ場をつくってる会社にも二、三年おりました」

慣れない仕事だった。当時を思い出しながら浜村が嘆息する。

「野球しかやっていませんでしたからねえ」

運はひとつも悪うない

高校では春の甲子園の出場辞退と夏の大会への参加禁止。プロではさあこれからというときに選手生命を絶たれるほどの大きなけが。浜村のことを門田は「運が悪いばっかり」と言うが、浜村は「運はひとつも悪うない」と笑う。

サラリーマン生活から抜け出すきっかけは有藤だった。

有藤は高知高から近大に進み、ドラフト1位で東京（のちロッテ）に入っていた。入団1年目の1969（昭和44）年に新人王。その後も活躍を続け、1985（昭和60）年に2000本安打を達成し、翌年引退する。選手時代18年間の成績は7303打数2057安打（打率二割八分二厘）、348本塁打、1061打点、282盗塁。打ってよし守ってよし走ってよしの名選手で、「ミスターロッテ」と称賛された。１９８６(昭和61)年10月の引退直後、稲尾和久のあとを継いでロッテの監督に就任する。

門田の話に戻る。

「有藤さんが監督になったとき、浜村が僕に『自分は野球のことが忘れられん。雇ってもらえんかなあ』と言うてきたんです。だから僕は有藤さんに電話して、『浜村を入れれんか』言うたら、『ことしはいかん。稲尾さんのスタッフをそのまま受けんといかんき、来年まで待つように言うてくれ』と。『けんど浜村に言うたらいかんぞ、どうなるか分からんき』と」

言うなと言われても、浜村に伝えたい。すぐに電話した。

「『実は有藤さんから話があって、入れるかどうか分からんが、俺が入れるようにするから1年待てという話を聞いた』と。『けんど本人には言うなと言いゆう』と伝えました。そんなことがありましたねえ」

しばらくして有藤から門田に電話があった。

「『浜村は三塁コーチができるか?』と聞いてくるがよ。『そりゃあ有藤さん、技術的なことを俺に聞くな、そんなことは自分で判断してくれ』と。『けんどおまんを裏切らんということと野球が好きやということは俺が保証する』と答えたら、『そら分かっちゅう』と言いよった」

三塁コーチというのは三塁側ファウルゾーンにあるコーチャーズボックスに立って打者や走者に監督のサインを伝え、指示を出すコーチのこと。ランナーが本塁突入すべきかどうか、瞬時の判断を求められることも多い。

有藤とのやり取りがあったのはドラフト会議の少し前。1986(昭和61)年のドラフト会議は11月20日だから、おそらくその数日前だった。

「こればあ野球が好きな男はおらんから野球へ戻しちゃりたいとみんなが思いよったんです。みんなの後押しがあった。籠尾先生も、浜村を入れたいという話を聞いて『そらあおんしゃあ、ぜひなんとかせえ』と言うてました。籠尾先生も有藤さんに声をかけたみたいですねえ。みんな浜村が好きなんです」

言葉通り、1年後に有藤は浜村をロッテのコーチ(守備走塁コーチ)に招いてくれた。1988(昭和63)年のシーズンからロッテの一員として浜村は球界に復帰する。

「おんしが中に入れ」

「名選手、名監督にあらず」という言葉がある。長嶋茂雄の監督初年度によく聞かれたが、結果として有藤にもその言葉が使われた。

監督1年目の1987(昭和62)年、ロッテは5位に終わる。有藤本人の引退に加え、落合博満という大砲を放出したことで貧打に泣いた。落合は三度の三冠王を達成した球界を代表する強打者。中日、巨人、日ハムで選手生活を送って引退。のちに監督として中日を日本一に導いている。

浜村がコーチに加入した1988年、ロッテの成績はさらに下がって最下位に沈む。その次の年は球団史上初の連続最下位。ここで有藤は監督を辞める。監督としての有藤は結果を残すことができなかった。

有藤と浜村の関係について、門田はこんな見方をしている。

「浜村に『有藤さんに意見を言うたことがあるか』ゆうたら『1回もない』と言う。三塁コーチャーでゲームを見ゆにねえ。ほんで浜村にやねえ、『おんしゃ有藤さんのミスらあをやねえ、ゲームの采配のミスは言うちゃれや』ゆうて言うけんど、『有藤さんは2000本安打打った人ぜよ、そんな人に俺が言えるか』と。大間違いや。2000本打とうが8000本打とうが、ミスすりゃミスや」

言いたい放題の門田だから言えることだが、的は外していない。

「有藤さんが言うにはねえ、『俺はゲームの中に入り込んじゅう』と。『浜村は三塁コーチャーやけどゲーム全体が見えちゅう。あれの意見ちゅうもんは俺はうんと聞きたかった』ゆうがやき。『聞きたかったら浜村を直接呼んで俺に言えとなぜ言わなあ』と言うたらやねえ、『それぱあのこと分かっちゅうろうが』と。有藤さんは有藤さんで浜村によう言わんがやき」

浜村は「現場ではなかなか言えませんよ、采配なんか特に」と話す。野球界にいた者として当然のその感覚が門田には分からない。

「有藤さんに『どういて(浜村に)言わんがな』ゆうてぎっちり言うろう。そうやって言いよったら有藤さんいわく。『おんしが中に入れ』」

全く野球経験がないからこそ、東京に行ったときは有藤の家に泊まるほど懇意だからこそ、こんな会話になるのである。

懇意といえば、こんなこともあった。

「有藤さんからねえ、『あした2000本打つから(東京に)出てこい』ゆうて電話をもらいまして。そのとき2000本まであと2本やったんです。でも急には行けんから、『あした1本打って、あさって1本打ってくれ』ゆうたんですわ。そうしたところがその通りになりましてねえ。2000本のセレモニーに立ち会うことができました」

通算2000本安打の達成は1985(昭和60)年の7月11日。川崎球場の阪急戦だった。

「有藤さんが監督やるときもねえ、『俺、監督やることになったき』と言うきやねえ、『それやったら行くわ』と(東京へ)出て行ったんです。で、その晩は有藤さんの家で泊まって。そしたら報道陣が有藤さんの家を取り囲んでねえ、『ひょっと監督になるがやないか』と。僕がジュースを買いに外へ出たら、取り囲まれて『有藤監督はありますか?』ゆうて聞かれて。『そんなこと知るか。俺はカネがないきこの家へ泊まらせてもらいに来ちゅうだけや』と。もちろん浜村は一番の友だちやけんど、有藤さんともそんな感じで親しゅうさせてもろうてます」

カネヤンの怒られ役

浜村は有藤のあとに監督となった金田正一、八木沢荘六のもと、1992(平成4)年までコーチを続けた。

「金田さんには目の敵のように怒られました」と浜村が明かす。「エラーして負けるやないですか。たとえば門田がサードをやってて、その試合を門田のエラーで落とすでしょ、そしたら1時間くらい帰れんのですよ」

なぜ帰れないかといえば、監督の小言を引き受けなければならないため。

「監督はシャワー浴びてきて、僕はユニフォームのままですよ。ずっと待っていて、それから延々1時間、子どもが職員室で怒られるみたいなもんですよ。『なんであんなエラーさせるんじゃ』とか、『あの走塁はなんじゃ』とか。金田さん、外に出て一般の人がおったら『あー、どうもー』とにこにこしてるんですが、表と裏は全然違います」

金田正一は言わずと知れた400勝投手。国鉄(現ヤクルト)と巨人でプレーし、国鉄時代は「天皇」とも呼ばれた実力者である。愛称カネヤン。ロッテの監督は2度目で、1度目の1974(昭和49)年には日本一に輝いている。有藤のあとを継いで2度目の監督を引き受けたのは1990(平成2)年のシーズンからだった。当時、57歳。43歳だった浜村は格好の怒られ役だったのかもしれない。怒りながらも金田正一は有藤のスタッフだった浜村を使い続けた。

「若菜が日本ハムに行ってキャッチャーしてるときに、僕そのときサードコーチャーやってたんですよ。サイン出してたんですよ。金田さんがサイン出してきて、僕がそれをバッターに知らせるわけです。そしたら若菜にようウエストやられるんですよ。盗塁とかヒットエンドランのとき」

ウエストというのは投球をストライクゾーンから大きく外すこと。バッターは打てないから、打つことを前提に走っている走者は刺殺される。盗塁しようとする走者も同じ。せっかく出た走者がアウトになるのだから、攻撃側にとっては痛い失敗となる。サインを出したことが相手に知られると、つまりサインを盗まれると、このような失敗が生じてしまう。

そんな失敗があったある日の翌日、球場入りした浜村は日本ハムのベンチに行って若菜にアドバイスをもらっていた。

「2人でベンチに座って。若菜はキャッチャーの捕球方法についてアドバイスをくれよったんですよ。そしたらそこへ金田さん来たんです。で、『若菜、浜村のサイン全部分かってるやろ』って。若菜は『浜村さんのサインはぜんぜん分からんけど、監督のサインは全部分かってましたよ』と答えて。金田さん、向こうへ逃げていきましたよ」

なぜ金田のサインが分かったのか。

「そらそうですよ。ボールを持っとって、真っすぐ上げたら盗塁、ひねって上げたらエンドランですから。笑うでしょ、でも本当の話。ブロックサインなんかよう出さんのですから。昔はなかったですもん、ブロックサインなんて。だから昔の選手はよう出さんのですよ。相手チームは鵜の目鷹の目でサインを盗もうとしゆうのに。よう忘れません、あのサインは」

ブロックサインというのは複数の動きを組み合わせて選手に監督の指示を伝えること。複雑であればあるほど相手チームに見破られにくい。

類似のエピソードはまだある。

「これも面白い話。初回0対6とか0対7で負けてたら、『おまえらもう勝手にせえ』って言うんですよ。『浜村、お前適当にサイン出せえ』とか。7回、8回にロッテが1点差くらいにまで追いつくんですよね。そしたら金田さん、緊張してきてねえ。『よし、俺が今からサイン出すから』ゆうて。でもなかなかサインが出てこんのですよ。ランナーがノーアウトで出て、ここは絶対送りバントやと思うてこっちはサインの準備をしちゅうのに監督はよう出さんのです。バットケースの後ろに隠れてねえ、ちょこちょこ出すがです。あの大きい人が」

浜村は三塁コーチャーズボックスにいる。監督がバットケースの後ろに隠れても見えないわけではないが、いたずら心が起きた。

「わざとこうやってのぞき込むようにして監督のサインを見てたんです。そしたらベンチへ戻ったときに『お前、そんなにのぞき込むな』と。僕もいじめられとるから、ちょっとやり返さないかんと思ってわざとやってるんですけど。見えんふりして。サインなんか堂々と出せばいいんですから」

また回してしもうた

三塁コーチャーをしているうち、その面白さにはまった。

「サードコーチャーというのは面白いですよ。僕は監督より面白いと思います。一番選手の近いところにおって、一番責任のあるのがサードコーチャーですからねえ」

なにより監督の指示を選手に伝える役目がある。緊迫した場面ではみんなの目が三塁コーチャーに注がれる。味方のチームだけではない。敵チームもサインを読み取ろうとその動作を凝視する。

「サードコーチャーのくせがあるんですよ。ヒットエンドランのサインが出たときに態度がちょっと変わるとか。手のさわり方が速くなるとか、遅くなるとか、相手チームはそんなん全部チェックしゆがですき。面白いですよ」

もう一つの醍醐味は本塁突入の判断である。

たとえばランナーが二塁にいてバッターがレフト前にヒットを放つ。二塁ランナーを本塁に突入させるか、三塁で止めるか。打球の強さ、飛んだ場所、ランナーの足、左翼手の位置、肩、得点差、アウトカウント、相手投手の調子などなど、さまざまな情報を一瞬で整理し、瞬時にランナーに伝えなくてはいけない。本塁に突入させる場合は腕をぐるぐる回す。三塁でストップさせる場合は手を大きく開いてランナーの進路を塞ぐ。ゲームの流れを左右するような一瞬の判断を三塁コーチャー一人が判断するのである。

「本塁へ(腕を)回すか、止めるか。0対0のときとか、1点負けちゅうときとか特にねえ(判断を迫られる)。アウトカウントが若いときには無理させせんとか、ここは無理させせんといかんとか、ほんとにスリルがあって面白い」

狙い通りになったときには達成感に満たされる。しかし失敗することもある。ランナーが本塁で憤死した責任はすべて三塁コーチャーにある。

「失敗したとき、僕はよく『また回したー』ゆうて嘆いたんです。そしたら三塁の石毛、西武の石毛が、『浜村さん、大丈夫大丈夫。勝負のときは思い切って回さないかん。アウトになってもえい』ゆうてねえ」

高知高で4番打ちよった

石毛宏典は千葉・市立銚子高から駒大、プリンスホテルを経て西武入り。俊足強肩の名ショートとして西武の黄金期を支えた。ダイエーに移ったあとに引退し、ダイエー二軍監督やオリックスの監督を歴任する。晩年はショートよりも三塁の守備位置につくことが多くなっていた。浜村が三塁コーチャーズボックスにいるとき、相手チームの三塁手はいつも目の前にいる。

「石毛が僕をなぐさめてくれるんです。捕手の2～3メートル手前でアウトになるようなこともあるわけですよ。もう勝負で、(捕手に)いい球がきたらアウト、ちょっとそれたらセーフと。土のグラウンドが昔は多かったんです。人工芝よりも。『いちかばちかやき、土のグラウンドやき、(球が)どう跳ねるか分からんき、浜村さん、ちょっとアウトやと思うても(腕を)回しや』ゆうて石毛がよう言うてくれました」

持って生まれた石毛の明るさなのだろう。相手チームのコーチをなぐさめてくれるのである。

「『わー、しもうた!』ゆうて僕が言うわけよ。回したあとに『あー、またやった』ゆうて言うたら、石毛が『大丈夫、大丈夫』って。よくなぐさめてくれましたよ」

石毛はオリックス監督を辞任した翌年、2004(平成16)年にIBLJ(日本独立野球リーグ)を設立する。翌2005年、リーグ名を四国アイランドリーグとし、四国四県の4チームでリーグ戦をスタートする。一時は四国以外のチームも加わり、日本初の独立野球リーグとして今も続いている。

高知のチームは高知ファイティングドッグス。浜村はファイティングドッグスの試合で解説を頼まれることがある。高知県の西端、宿毛市で試合があったとき、テレビのスタッフがロケ車で浜村を迎えにきた。

自宅前で浜村を車に乗せ、宿毛に向かって出発。門田の店の前を通るとき、乗っていたアナウンサーが店を見ながら浜村にこう聞いた。「門田さんって高校で何番打ってたんですか？」

このアナウンサーも浜村を通じて門田と知り合いになっていた。笑いながら浜村が明かす。

「吹いとるわけですよ、小久保や立花に吹いたと同じような感じで。僕も『門田は野球やってない』とは言えんき、『有藤さんの1年下で、高知高では4番打ちよった』って言うたんですよ、アナウンサーに。そのアナウンサー、今でもそれを信じとると思いますよ」

タクシー運転手のひと言

三塁コーチャーの話に戻ると、もう一つ印象に残るエピソードがある。

浜村が振り返る。

『フルスイング』ゆうドラマがあったでしょう。モデルになった高畠(導宏)さん。高畠さんとタクシーに乗ったんですよ。川崎球場から」

「フルスイング」は2008(平成20)年にNHKで放映された連続ドラマ。原作は安芸市出身のノンフィクションライター、門田隆将の『甲子園への遺言〜伝説の打撃コーチ 高畠導宏の生涯』である。門田は土佐高から中央大を経て新潮社に入社。週刊新潮の敏腕記者として鳴らし、独立。多くの著作を世に出している。土佐高時代はダブルエースとして甲子園で活躍した片田統途、伊藤滋宏の同級生で、甲子園の試合はすべてテレビ観戦するほどの高校野球ファンでもある。

高畠導宏(1944~2004)は岡山南高を経て中央大へ。中央大では浜村の進路にも影響を与えた高知商の大先輩、高橋善正のチームメートだった。南海で5年間の現役生活を送ったあと引退し、ロッテなど7球団でコーチを歴任する。高畠が異色だったのは54歳で大学の通信課程に進み、教員免許の取得を目指したこと。教員免許を取ったあと、2003(平成15)年、59歳で福岡県の私立高教諭となる。目標を甲子園に据え、さあこれから高校野球の監督だ、と新たな一歩を踏み出したのだが……。直後、病魔に侵された。翌2004年に60歳で亡くなっている。

高畠は打撃コーチとして多くの選手を育てたことで知られている。もう一つの異能が選手のくせを見抜くことだった。

「ピッチャーのくせとか、そういうのを全部チェックしてくれとって、僕にくれるんですよ。『あいつ足が広がったら牽制ないから走らせろ』とか、『セットポジションのときグローブが上から下にきたらホーム(本塁)に投げる、下から上へ上がったら牽制や』と。高畠さんが全部チェックしてくれちょって僕にくれるわけですよ」

牽制というのはランナーのいる塁に投手が球を投げること。そうすることでランナーが次の塁に進む動きを封じるのである。牽制の際に出るくせが分かっていたらランナーは次の塁への一歩を早く踏み出すことができる。

タクシーの話に戻ろう。

「遠征に行くとき、高畠さんと川崎球場から羽田空港までタクシーに乗ったんです。そうしたらタクシーの中で運転手にこう言われたんですよ。『今の野球は面白うない』と。『なんでですか?』と聞いたら、『サードコーチャーがランナーを全部止めてしまう』と。『止めたらスリルがないじゃないですか、ホームでアウトかセーフかゆうのがスリルやないですか』と」

運転手の話を聞いて浜村は驚いた。

「僕は逆に回しすぎると思うとったんですよ。そしたらタクシーの運転手に反対のことを言われて……。違うんですねえ、感じ方が」

コーチ業が好きだった

金田正一が監督を務めた2年間、ロッテの成績は5位と最下位だった。次の監督、八木沢荘六は完全試合も達成したロッテ生え抜きの元エース。西武の投手コーチをしていた八木沢を、ロッテは監督に招いた。金田のとき一軍守備コーチだった浜村は、二軍のコーチになる。

「一軍から二軍へ行ったら『降格』ゆうて新聞は書くんです。違うんですよ。大変なのはファーム(二軍)のコーチです。一軍は試合でサイン出したり、監督の言うまま動きゆうだけの話で。技術的にさほど教えるわけでもないし、そんな時間もないし。試合ばっかりですからね。二軍、三軍のコーチは大変ですよ」

コーチの仕事にはやりがいを感じていた。

「コーチがなぜ好きかというと、ノック打つときは1対1じゃないですか。相手とお互いに気持ちが一緒になってノックを打つと、ものすごくうまくなるんです。1対1の人間同士で、コーチとか選手とかやなしに。両方がそうならんと上手にならんのです。信頼関係がないと」

考え方の根底には選手時代の体験がある。

「現役のとき、『こんな球が捕れんかーっ』ゆうてヤケで(ノックを)打ってくるコーチがおって。僕は大嫌いでねえ。そんなん100回受けたち、200回受けたち、ひとつつもうまくならん。お互いに信頼しながら、尊敬しながら、コーチも選手を、この選手にノックを打てる喜びと言いますかねえ、この選手にノックを打てるという気持ちでノックを打つ。僕は技術的には教えるのは下手やったけど、気持ちをくんで、お互いに一生懸命やれば、これは見違えるように上手になりますよ。それは高校野球でも一緒です」

こう言い切れるのは、原点となる思い出があるからだ。

巨人1年目の1971(昭和46)年、浜村は米・フロリダ州ベロビーチに行く。巨人は米大リーグ・ドジャースに学ぼうと1961年から数年に1度の割でドジャースと合同キャンプを行っていた。場所はベロビーチのドジャータウン。行けるのはばりばりの一軍選手だけだったが、浜村はそれに選ばれた。キャンプでドジャースのコーチにノックを頼む。

「向こうのコーチにお願いに行ったんですよ。ノックしてくださいって。そうしたら『全体練習が終わったあと、残っていなさい』と言われて。それで個人ノックを受けたんですが……」

日本のコーチのノックとは全く違っていた。

「やさしいノックでねえ。大リーグの打球ってすごいじゃないですか。ところが練習のノックゆうたら、ほんとに中学生以下くらいのやさしいゴロなんですよ。そう横にも動かさんで、捕れる範囲のゴロで。それを根気よく打ってくれましてねえ。これがロッテのコーチのときにはずいぶん役立ちましたねえ」

「守備の見本」に採用

ノックの話を続ける。

「高校野球でも個人ノックゆうて、へとへとになるまでするじゃないですか。あんなの体で覚えないんですよ。ゴロの捕り方を。ただ体を鍛えゆうだけなんです。だからやさしいゴロを、捕れるところで反復練習する。これが上手になるひけつなんです。内野手はね」

振り返ってみると日本でも同様の考え方をする人はいた。

「これは三原監督から仰木さんに受け継がれていて、西鉄のときに仰木さんからこう教えられたんです。『グラウンドに来たらボールをフェンスにぶつけてそれを捕れ。フェンスにボールをぶつけて捕る練習を毎日、グラウンドに来たらまずやりなさい』と。それと共通してましたねえ、大リーグの指導は」

ロッテのコーチになったとき、浜村はそれを実践した。ところが監督の金田は全く逆。

「カネヤンは厳しいノックを打つんですよ。『監督、やめてください』ってしょっちゅう言いましたけどねえ。そしたらカネヤン、『王、長嶋は』って始めるんですよ。『僕一緒にやってますよ、そんなことは言ってなかったですよ』ってここまで出かかるんですけど。まあ、それは言いませんでしたけど……」

南海、広島のヘッドコーチや阪神、南海の監督を務めたドン・ブレイザー(1932〜2005)は、日本の野球を変えたともいわれる理論家である。守備位置は二塁で、ことに内野守備に関しては一家言を持っていた。

彼の大著、『ブレイザーのシンキング・ベースボール』には遊撃手(ショート)の連続写真が載っている。右側にきたゴロを、捕る瞬間からノーステップで素早く一塁へ投げる。プレーの流れが見えるような4コマ写真である。遊撃手の守備として本文に書かれているのは、〈右足をすべらしながら、身体の動きをとめ、右足を軸にして、ワン・モーションで一塁へ投げる〉。その理論通りの写真を並べている。

連続写真に採用された遊撃手が1971(昭和46)年、巨人時代の浜村である。いかに浜村の守備が基本に忠実で、卓越していたかが分かる。

野球が楽しくなるように

浜村の野球への情熱は今も熱い。

「日本のプロ野球も考えないかんのはねえ」と浜村が口を開く。「日本の若手がアメリカに留学するんですよね。期待される選手を、球団が留学に出す。そしたらねえ、僕が知ってる限り、みんな向こうに行って『グラウンドに行くのが楽しい』って言うんですよ」

練習が楽しい、ということである。

「日本はコーチに怒られるばかりでしょう。二軍でゲームがあったらみんなコーチがチェックしてますからね。で、『あのときはこうせんといかん』とくどくど怒ったりねえ。すごくそんなコーチが多いんですよ。でもアメリカに行ったら、なんぼ試合でミスしても次の日、グラウンドに行くのが楽しいと」

なぜ楽しいのか。くどくど怒らないだけではない。

「前の日の失敗を改善するためのやり方を、向こうのコーチは丁寧に教えてくれるんです。練習も付き合ってくれる」

そうしてもらうことで上達する。上達すれば野球が楽しくなる。グラウンドに行くのが楽しくなる。

「グラウンドに行くのが楽しいという雰囲気つくりは大事だと思いますねえ。僕はそれをすごく感じまして……」

二軍のコーチになったとき、できるだけそれを心がけようとした。

「試合が終わってから、二軍の監督が『浜村、このゲーム講評せえ』って言うんです。そのとき『きょうはありません』とか言うといて、あとで選手を呼ぶんです。で、『あしたはこういう練習しようなあ』と。そうしたら選手も納得してやってくれるんですよねえ」

門田は「浜村は二軍のコーチが向いちゅう。二軍に行ってこそ真価が発揮できる」と力を入れる。それに応えるように浜村が言った。

「そう、二軍のコーチが一番面白いと思います」

上ばかり見る人が出る

人を育てる喜びがコーチの妙味だと浜村は思っている。

「コーチゆうのはねえ、監督の目をいつも見ているコーチ、球団の目をいつも見ているコーチと、分かれてくるんですよ。負けだしたら特に。(チームに)残らないかんから、上ばっかり見る人が出るんですよ」

これはプロ野球のコーチに限らない。「上ばかり見る人が出る」なんて、リストラが始まった企業ならどこでも見られる光景だろう。

「そういうのは僕は嫌いなわけよ。選手がようなってきたら戦力が上がるじゃないですか。戦力が上がったら、結果的にゲームに勝てるゆうことでしょ。選手の力をつけるためにやろうと、亡くなった山本功児とか僕とか、若いコーチが話し合いました。選手目線でやろうと。選手がメシ食えるようになるように手助けしようと。そうやってやるのがほんとのコーチやと僕は思うんですよ」

門田は有藤がこう言ったことを記憶している。「浜村が高知におるき、高知の野球のレベルアップをさせりゃあえいに」と。

宇佐出身のプロ1号、片田謙二のように高校野球の指導者は考えなかったのかと聞くと、浜村はこう答えた。

「考えませんでしたねえ。高校野球は考えませんでした」

全く考えなかったかといえば、おそらくちょっと違う。

プロ野球の経験者が高校野球の指導者になるためには学生野球資格回復研修を受けなければならない。ところがこの研修は毎年末にある。

「年末は一番忙しいんですよ。贈答用のウルメを天日に干さないかんし、それを発送せなあいかんし。年末は動けんきねえ」

続けてこう言った。

「野球に携われるんやったら、メシ食えるだけの収入があれば、やりますよ。この年でも」

最後の一人は半世紀前

すでに書いたように、宇佐からプロ球界に入った選手は6人いる。

これまで片田謙二、横山小次郎、有藤通世、浜村孝、山下司の名を挙げてきた。

残る一人は井本隆である。浜村の3年下、山下の2年下になる。

宇佐中から伊野商に進み、社会人野球の鐘淵化学に。１９７２(昭和47)年のドラフト会議で近鉄から3位指名を受け入団する。１９７９(昭和54)年と翌年には15勝ずつを挙げ、エースとして活躍。１９８３(昭和58)年からはヤクルトに移り、翌年限りで引退する。２０１５(平成27)年、病気のため死去。64歳だった。

「井本はねえ、何年か前に千葉で亡くなりましたねえ」と門田がしんみりと話す。

「井本の家はうちの実家から２００《メートル》離れたところにありまして。早世した井本の兄ちゃんと私は同級生でした」

人口４２００人の街から6人もプロ野球選手が出た理由の一つは、籠尾良雄の存在だった。門田は籠尾の勉強熱心さが印象に残っている。

「籠尾さんはいろんな人、一流の選手やプロに進んだ選手らあの話を聞くのがものすごく好きやったねえ。一生懸命聞きよった」

しかし籠尾が土佐高の監督をしている時代は今以上にプロとアマの接触が難しかった。

「けんど籠尾さんは聞きたいわけよねえ、『こんな場面はどうするか』と。表立ってはせんけど、有藤さんらあが帰って来たらじきにいろいろ聞きよった」

浜村の会社はウルメの丸干しをメインにフカの鉄干し、アジの干物、カマスの干物、イカ干しなどを作っている。

門田は「全部、浜村は天日で干します」と説明する。「その面では浜村はまじめゆうかねえ、こだわりがあるがです」

門田は浜村の頭脳も尊敬している。

「野球に関することやったら全部覚えちゅうがやき。そらすごいぜ、あの頭。ところが商売とかになったら興味がないかしらん、覚えてないがやきねえ。『おんしゃあその頭、勉強に使うてみよ、東大でも行けらあ』ゆうたもんや」

興味がないのか、門田と同じく浜村も商売の手を広げない。

宇佐漁港脇、海のすぐそばに「天日ぼし　浜村海産」の古びた看板がある。100坪ほどのこぢんまりした天日干し場に、平屋が二つ。その一つに「HAMAMURA☆KAISAN」と字をくりぬいた木製ボードが掲げてあった。誇らしげに見上げながら浜村が言う。

「息子が作ってくれたんです。今、福岡で教師をしています。息子は野球じゃなくて、バスケットボールをやっていました」

浜村海産の軒先に座って門田が笑う。

「うちの店は日本一こまい油屋で、浜村の店は日本一こまい干物屋や」

門田によると、門田や浜村が通っていた当時に200人だった宇佐小の1学年児童数は、今11人。宇佐中は合併で土佐南中になった。

井本がプロ入りした1972(昭和47)年以来、半世紀にわたって宇佐からプロ野球選手は出ていない。

宇佐の郊外にある土佐南中のグラウンド。
1974年、宇佐中と新居中が統合して誕生した

西鉄のユニホームを着て少年野球を指導する浜村孝。
元プロでも少年野球の指導はできる

浜村の長男が作って架けた浜村海産の看板。
真ん中の☆の中に小さく「天日」と入れている

門田が持っていた給油船「まるい丸」。25トンの油を積み、漁船の間を回って給油を続けた。1970年から38年間働いていた

長いあとがき

朝日新聞諏訪支局長　依光隆明

この本ができる発端は、２０２０（令和２）年10月21日午後にかかってきた１本の電話だった。

かけてきたのは高知県内で建築業のほかマルニやハマート、ブリコ、イエローハットなどを展開するフタガミグループの会長、二神昌彦である。二神とは付き合いが長い。30年ほど前に知り合い、高知新聞時代に何度か取材をしたこともある。知り合ったころ、経営に悩むたびに二神は本社の周りを掃除して心を落ち着けていた。掃除の効用を知り、一時は社ぐるみで便所掃除に力を入れる。一緒に便所掃除をしながらそれを取材したこともあった。朝日新聞に移って県外に出てからも折に触れて会ったり、電話で話したりしていた。

頭の回転が速すぎて口が追いつかないのだろう、二神の話は理解するまで時間がかかることがある。このときもそうだった。長野県諏訪市の事務所で電話を取った私に、二神はこんなふうに言った。

「門田という同級生がおって、がんで余命9カ月ながよ」。いつもと違って口調は深刻である。「門田の話を残したいがよ」「野球の話とか」「とにかくすごいがやき」「本にならんろうか」

話すうちになんとなく分かった。同級生の門田という人がいて、余命9カ月を宣告されている。その門田の話を本として残したい。なんとか本にしてもらえないだろうか。おそらくそんなことだろうと思って瞬時に考えた。こんなむちゃな仕事を引き受けるのは自分しかいないだろう。会長の気持ちを考えたら引き受けるしかあるまい。余命9カ月となると急ぐ必要がある。

こう答えた。

「分かった。やる。高知でホテルを借りて。3日間、そこでみっちりと話を聞くから。急いだ方がいい。体調がいいうちにやらんといかんき」

電話を切ったあと、ゆっくりと考えた。懸念したのは新型コロナウイルスである。２０２０年の初めから世界中で感染が広がり始め、４月から5月にかけては日本全土に緊急事態宣言も出た。夏に収束するかと思われたが、秋に入ってまた感染者が増えていた。

対面取材をして万が一にも門田という人が感染したら大変ではないか。おそらく抗がん剤治療をしているので、免疫力は落ちている。闘病中の体力を考えたらホテルで何時間も聞き取りをするのは無理っぽい。

「そんなん、オンラインでやったらえいやんか」。妻のアドバイスを入れて決めたのがリモート取材である。

パソコンの画面を通して初めて門田豊重と浜村孝に会ったのは新型コロナ第3波さなかの11月12日だった。リモート取材用の部屋は宇佐発祥の電子部品製造会社、土佐電子に借りた。もちろん門田のコネである。

門田はその直前、10月末に一度倒れていた。

「気を失うて倒れて。次の日に高知医療センターへ行ったら5分後に心臓を手術です。『99パーセントあんた死んでましたよ』と言われました。倒れちゅう間に血が流れたんやと思います」

血栓で一時的に血流が止まったものの、自然と流れが戻って意識が回復したという意味である。心臓バイパス手術をして元気を取り戻した。しかし門田の体に潜む爆弾は心臓だけではない。

「4年前の10月に肺がんの手術をして、右の肺は大方ありません。ステージ4、余命1年ゆうて3カ月前に言われまして。あと9カ月ばあの命です」

そう言いながら元気に話してくれた。浜村と冗談を言い合いながらさまざまな話を聞かせてくれた。

2度目に話を聞いたのは12月7日である。

初回の聞き取り後にまた倒れ、1週間前に退院したばかりだった。

「いすから立ち上がったときにふらふらーとして、あれあれと思ううちに意識がなくなった」と振り返る。「家で一人でおるときでした」

少々下品だが、門田の言葉で再現するとこうなる。

「意識を失うて。くそしょんべん垂れ流しです。気がついて、自分で風呂に行って流して洗うて。落ち着いてきたもんやから、次の日にかかりつけの病院へ電話したら『あしたでも来ますか？』と。自分で車を運転して病院に行ったら、スタッフが10人待ちよってすぐ手術ですわ。心臓の血管が詰まりよったということで、カテーテル入れて……」

運が悪ければあの世に行っていた。

「倒れたとき、だいたいは血管が詰まって亡くなるようですねえ。詰まった血が流れてくれたからよかった。流れてなかったら死んでましたねえ。病院で『95パーセント以上それで亡くなる』と言われました」

退院後、「多少は負荷をかけないといけない」と言われた門田は寝る前にスクワットをするようになった。ある夜、スクワットをして寝ると夜中に心臓がおかしい。「慌ててニトロをなめたら楽になった。病院に電話したら『すぐ来い』というので車を運転して行った」と話す。

がんに加えて心臓に爆弾を抱え、おまけに糖尿病もある。普通に考えると入院も考えるところだが、時間を短縮しながら門田は仕事を続けている。言葉も元気である。門田の体調がいいときを選び、その後も聞き取りを重ねた。

２０２１（令和３）年３月、首都圏を除いて緊急事態宣言が解除された日に高知に戻って宇佐に走った。初めて門田、浜村に会い、潮の香を吸った。浜村海産の軒先に座り、めっきり春めいた陽光の下で雑談をした。

段取りはいつもフタガミ秘書室の高野昌代と寺田えりがつけてくれ、リモート機材の設定は経営ネットワーク部の山本健太郎が担ってくれた。聞き取りのたび、専務の高瀬久志も宇佐に足を運んで立ち会った。のちには社長の松岡正憲までリモート会議に参加した。二神と門田の人間関係からスタートした話だが、本づくり自体がフタガミの業務になったのである。

実はそれにはそれなりの理由がある。フタガミにとって門田は超A級の協力者なのである。会長の二神が明かす。

「40年ばあ前、フタガミが住宅事業を始めたころからお客さんを紹介してくれるようになつて。こっちから頼んだことは一回もないのに。おせっかいしてくれゆう」

二神と門田は中学2年で一緒になった。二神は1年のときから高知中だったが、門田は2年からの編入組。高校に入って同じクラスになり、3年間ずっと同級生として過ごした。ちなみに二神、門田が学んだ高知中高の現理事長はフタガミ専務の高瀬である。高瀬は四国銀行の常務から子会社に移ったあとフタガミに転じた。高知中時代は軟式テニス部で、高知高校では「帰宅部でした」。大学は早稲田に進んでいる。高知中高を中核に幼稚園、小学校からリハビリ専門職大学校、医療系大学まで経営する学校法人高知学園の理事長に就いたのは2020(令和2)年8月で、前任の元副知事・吉良正人に強く請われてのことだった。引き受ける条件は、週に1日だけはフタガミの仕事をさせてもらうこと。つまり週4日は高知学園に出勤し、週に1日は非常勤取締役としてフタガミに出向いている。

門田の話に戻ろう。

高知高では「(二神より)僕の方が勉強ができたと思う」と話すのだが、門田の話は当てにならない。分かっているのは二神に経営の才があったということである。父親が創立した48坪の小さな木工所(二神木工)を、資本金7億円・従業員500

人の企業グループに育て上げた。

いじるのが好きな門田は「高校時代の二神を考えると今の二神があるのがおかしいがやき」と口走る。２人とも首都圏の大学に進学したため、大学時代も二神の下宿に遊びに行っていた。専修大にもぐり込んだ門田、東海大の建築学科で建築士を目指した二神。３年からほとんど学校に行かなくなった門田、ラグビー部に入ってラグビーばかりをやっていた二神。おしゃべりでほら吹きの門田、温厚で物静かな二神。なんとなく波長が合ったのだろう、社会人になったあとも仲のいい友だち付き合いを続けている。「学校に行きゆうときは(二神に)負けやせんと思うたけんど、今の会社の規模は１０００分の１」と門田は笑う。

経営の才を発揮する二神を、門田はその豊富な人脈を生かして応援した。二神は「(住宅建築の顧客を)どっさり紹介してくれた」と話す。「パチンコの玉井(タマイ)も門田が取ってきてくれたきねえ。玉井の店はかなり造った。20億か30億くらい。ほかは個人の住宅やね。宇佐が多かった」

玉井グループのオーナー社長だった畠山重明も高校３年間の同級生である。門田が口利きをして系列パチンコ店の新築を二神に任したということだ。当時、玉井は県内一のパチンコグループだった。二神が感心する。

「『フタガミでやれや』と一、二回ゆうただけやと言いよった。それでやってくれるがやき、それだけ門田の人望が厚いということよねえ」

1999(平成11)年、畠山が窮地に陥ったときに門田は一肌脱いでいる。東京の証券系ファイナンス会社と巨大弁護士事務所の乗っ取り攻勢に対し、畠山の側に立って尽力したのである。門田が言う。

「畠山から『クーデターが起こった、すぐ来てくれ』と電話があって。十何回の裁判に全部参加して、高裁までついて行かされて、負けました。僕がファイナンス会社と交渉して『1軒、2軒は(パチンコ店を)畠山に残してくれ』ゆうたけど残してくれんかった。全部取られました。売り上げは600億もあってすごかったけど、借金が270億ありまして。毎年金利を払うて、元金も少し払いよったけんど……」

ファイナンス会社とも交渉したし、相手の弁護士とも交渉した。

「一部始終に首突っ込んじょった。畠山がゆうてくるわけよねえ、『家帰れんき泊まらせてくれ』とか。『このままやったら相手の弁護士に取られるき、事務所に荷物を取りに来てくれんか』とか。いろんなことを経験させてもらいましたねえ。『俺みたいなざっとした人間になんで電話してきたがな』と聞いたら『ほかのもんが思いつかざった』と言いよった」

それだけ門田は頼りになるのである。

あまりにも優良顧客を紹介してくれるので、二神は社から門田に謝礼を払おうとしたことがある。門田は怒った。「そんなんやったらもう一切紹介せんぞ」と。だからその後も一方的に門田が協力するだけ。二神はそれを「おせっかい」と笑いながら感謝する。

見返りを求めないのは門田の主義である。世話はするし、頼りにもなる。かといって見返りを求めないから言いたいことが言える。

大学卒業後、二神は関西土木(高知市)の建築部に就職してビル造りの現場監督を務めた。二神が言う。

「建築部の第1号社員やったと思う。当時は勢いがある会社で、西山グループ、入交グループを目指そうというくらい気合が入っちょった。ちょっとの間しかおらんかったけんど、すごい勉強になった。いろいろな人と知り合うた」

西山、入交は高知の老舗財閥グループである。関西土木はその後、入交グループに吸収されている。

二神は関西土木に3年いて1973(昭和48)年、二神木工に入る。二神が生まれる前年の1946(昭和21)年4月、父親の十郎が須崎市で創設した会社である。机やいすを受注生産する文字通りの木工所としてスタートしたものの、業績はいまひとつ。転機となったのが同年12月の南海地震だった。

当時の呼び名は「南海地震」だったが、今は「南海トラフ巨大地震」と呼ばれている。四国沖から静岡沖にかけて続く海底の谷、南海トラフで起きる巨大地震である。おおむね100年に一度の割で発生し、発生が分かっているものには白鳳地震、宝永地震、安政南海地震などの名称がつけられている。1946(昭和21)年12月の地震は昭和南海地震と呼ばれている。

地震後、二神木工の業績は上向いた。復興需要で机、いすが売れたのである。二神の二をデザインした丸に二の焼き印を製品に入れ始めたのもこのころ。今に至る「マルニ」ブランドの誕生だった。生産が軌道に乗るとともに、マルニブランドも広がっていった。

実は昭和南海地震は二神家の運命をも変えている。「地震がなかったら私は生まれてない」と二神がぽつり。「母親は父親と離婚するつもりやったと。そんなさなかに起きたのが南海地震やった。揺れ出したとき、とっさに父親が母親に覆い被さって母親を庇うた。それで母親が父親のことを見直して離婚をやめたと聞いちゆう」。1年後にめでたく長男、つまり二神昌彦が誕生した次第。

二神の誕生後、二神木工は木工から建具に比重を移す。建具が木製からアルミに移るとともにアルミサッシの分野に進出。１９７０(昭和45)年には高知市比島町に高知支店を設置する。十郎は全国建具商工連合会(現全国建具組合連合会)のナンバー2、副理事長に就いていた。

しかしサッシだけでは事業はいずれ行き詰まる。どうするか、と考え始めた

１９７４（昭和49）年に二神は米国産業視察ツアーに誘われる。十郎とともに米国に渡り、最も印象を受けたのがツーバイフォー（２×４）工法だった。

日本の在来住宅は柱で家を支えている。ところが北米のツーバイフォーは壁で支える。柱なるものは２インチ（約５センチ）×４インチ（約10センチ）の大きさしかない。二神はこのツーバイフォーに未来の家を見た。帰国後、建築部門を整備してツーバイフォーの家を手がける。県内初のツーバイフォー住宅だった。数棟を建てたのだが、評判はさんざんだった。

「『これはなんぜよ』とか『柱が小さい』とか言われて。大工からは『腕が泣く』と嫌がられました」

こと木造建築にかけては日本の大工の腕は世界でも屈指である。だから法隆寺や薬師寺など１千年をはるかに超える歴史を持つ木造建造物が今も普通に使われている。ところがツーバイフォーに大工の腕は必要ない。簡便に、大量に、安価に造るにはツーバイフォーは適しているのだが、木の特徴を見ながら組み上げる日本の伝統工法からはあまりにも遠かった。しかも日本の在来工法は高温多湿という日本の気候風土に合ったものとして発展を遂げている。北米の工法をそのまま持ってきても日本の風土に合う家ができるはずもなかった。

二神がすごかったのは決断の速さである。すぱっとツーバイフォーをやめる。建築部門は在来工法に特化させ、それは今も続いている。

米国を産業視察したとき、おまけのように見学したところがあった。二神は「ついでに見た」と振り返るのだが、それがホームセンターだった。

ツーバイフォーが頓挫したあと、二神の頭に浮かんだのが米国で隆盛途上にあったホームセンターである。高知への導入を試みる。

ホームセンターの名をマルニとし、第1号店を高知市高須に出店したのは1982(昭和57)年だった。単独店舗は仕入れにしろ宣伝にしろロスが多い。試行錯誤の連続だった高須店は4年目に黒字転換を果たし、成功する。以来、県内各地にマルニを出店。ホームセンターから派生する形でカー用品店、ペットショップ、園芸&雑貨店も展開している。

会社名は1976(昭和51)年に二神木工からフタガミに変えていた。建具から建築部門に進出し、すでに木工会社ではなくなっていたからだ。フタガミグループとして、現在まで住宅建築とホームセンターなどの店舗展開という二本柱で経営を続けている。マルニ、ハマート、ブリコ、マルニガーデン、ペットアシスト、イエローハット、ダイソーなど、展開する店舗数は約30。特筆されるのは激戦のホームセンター業界にあって県外大手資本の県内参入に抗し続けていることである。

20年ほど前、高知県内のホームセンターはマルニとハマート(ハマモク)、ブリコ(関西グループ)が3強だった。ところがそこに日本最大のホームセンターグループ、DCMの傘下に入った愛媛のダイキ、日本2位のコーナン(大阪)、3位のコメリ(新潟)など、次々と県外資本が参入してきた。そんな中、ハマートを展開するハマモクの経営が悪化する。ハマート各店舗を県外のホームセンターが買収するという噂が流れ、二神は大きな選択を迫られた。

二神が下した決断は、フタガミによるハマート買収である。2007(平成19)年、ハマートはフタガミの傘下に入った。8年後、今度はブリコで同様の事態が起きる。今回の決断も同じだった。２０１５(平成27)年、ブリコがフタガミの傘下に入る。これによりフタガミグループは大きくなったが、負債額も増えた。といって目先の金を追うことに汲々としているわけではない。

インテリア産業協会四国支部の運営委員長をしていたとき、二神は園芸家のポール・スミザーや柳生真吾を講師に招いた。なぜインテリアの会に園芸家を？と疑問の声が出たが、二神は押し切った。背景には二神なりの思想がある。

平たくいえばマネーの時代から土の時代への転換である。マネーが踊る今の世界経済は実体経済から大きく遊離している。いわばバブルであり、いつかはポンとはじけるだろう。そうなったとき、次の時代の基軸となるのはなにか。食料であり、自然環境であり、生態系であり、土ではないか。住宅建築という仕事を土と結びつけるのは園芸だ――。ポール・スミザーといえば在来種の自然を生かしたナチュラルガーデンの第一人者として知られている。山梨県に拠点を置くポールをインテリア産業協会の講師に呼んだあと、二神は自宅の庭の設計をポールに任せた。「民家の庭はしたことがない」と言いながら、ポールは引き受けてくれた。その後、高知に来るたびにポールは二神の自宅に泊まっている。

二神が考える園芸はガーデニングという概念にとどまらない。現在、香南市でポール・スミザーに依頼しているのは里山の再生である。廃れたみかん山を買い取り、人家をはぐくむ里山として再生させるのである。健全なる里山があってこそ健全なる住宅が成立する。そんな思想を胸に秘め、いつ終わるかも分からない里山再生をポールに頼んでいる。

2021年3月、高知に帰ったときにポールの里山を二神と歩いた。遠くに太平洋が見える小さな山に栗や小夏、梅、ヤマモモの木が育っていた。日当たりのよい小径を歩きながら、「ここ、えいろう。気に入っちゅうがよ」と二神。シイタケの原木が並ぶ近くに小さな流れと小ぶりの池があった。いずれも木や石を使って流路を造り上げている。小夏の根元には小さな木箱。「ミツバチの巣箱やけんど、ハチは入ってない」。よく見ると10個近い巣箱が点在している。

ここ数年、二神はニホンミツバチの飼育にも力を入れている。ハチミツを売ってもうけようというわけではない。発想の原点は生態系である。地球上の作物種の

7割はミツバチの受粉によって生まれている。アインシュタインは「ミツバチが地上から姿を消したら人類は4年以内に絶滅する」と言ったそうだが、そのミツバチが世界的に減少を続けている。二神は生態系のバロメーターとしてのミツバチに注目、ミツバチが生息できる環境を維持するためにミツバチを飼育しているのである。そのことが結果的にフタガミグループの未来にもリンクすると考えている。社内に理解者は少ないが、二神はぶれていない。

フタガミほどの規模になると、一般には株式を上場する。ところが今のところ二神に株式を上場するつもりはない。そこにはマネーの世界からできる限り離れようという二神なりの思想がある。資金調達力は高まるものの、買収の懸念も含めて経営の安定性が担保されないのだ。株主にとってまず大切なのは短期の利益。里山再生やミツバチに力を入れる二神の行動は「カネがかかる無駄な趣味」程度に取られかねないのである。などと思考をめぐらしながら、上場を考えたこともある。あらゆることに悩み、考えながらかじ取りを続けている。

「自分は言いたい放題言いながら商売しゆうき、二神にしたらうらやましいのかもしれん」と門田が言う。「二神にしたら、大きな会社にするまでにずいぶんいろいろと考えたと思う。それから見たら、ぜんぜん考えん生き方をしゆう自分がうらやましいというか、そういう生き方をしたいと思うがやないかねえ」

酒を飲めないのに門田は酒場に行く。言いたいことを言う。

「けんど2時間ばあして、みんながわけの分からんことを言い出したら嫌になって。もう帰ります。自分が騒ぎゆとき、二神は黙って酒を飲みながらにこにこ笑いゆうタイプよねえ。まじめでも不まじめでもない。昔から人との和をうまいこと取り持ちよった」

二神が門田を本にしようと思ったことを、門田は「なんでやろうねえ」と何度も首を振る。「俺みたいなぜんぜん成功してないもんを。日本一こまい油屋と日本一こまい干物屋の話らあ話題にもならんろうに」

本づくりに際してはリーダーズノート社の社長、木村浩一郎に尽力してもらった。同社は東京都北区に拠点を置く硬派の出版社である。高知新聞社の単行本『黒い陽炎――県闇融資究明の記録』が絶版となったあと、新書判として再刊してくれたのも彼である。木村はリーダーズノート社の存在価値をこんな言葉で表現している。「どこかに『毒』がなくてはつまらない。どこかに『蜜』がなくては愉《たの》しめない。どこかに『骨』がなくては意味がない」。毒と蜜と骨を追いながら、時代に一石を投じる本づくりを続けている。

木村は北九州の出身だが、大学は高知大に進んでいる。在学中、「実はマルニでアルバイトをしていたんですよ」と明かしてくれた。木村にとってもフタガミは思い出深いかつての職場ということになる。

２０２１年３月。本来なら余命半年を切ったはずの門田が言った。

「それがねえ、がんがちょっとずつ小そうなりゆうがよ。抗がん剤が効きゆうみたいな。医者も『余命１年ゆうたけんど、もうちょっと延びるでしょう』と言うてくれゆう」

治療は続いているが、相変わらず声は元気である。

このままがんが消えてくれるように念じたい。

（敬称略）

２０２１年３月６日

東海大学時代の二神昌彦（前列中央）。ひたすらラグビーに打ち込んでいた。後列左から２人目の若山一は岩手県宮古市でタクシー会社などを経営していたが、東日本大震災で津波にのまれた。消防団活動中だった。若山をしのび、二神は宮古の海産物を毎年大量に購入、知人に配っている。

再生中の里山でシイタケを収穫する二神昌彦（高知県香南市）

二神昌彦が飼育を試みている
ミツバチの巣箱（高知県香南市）

ホール・スミザーに再生を頼んだ
旧みかん山（高知県香南市）

門田豊重。野球を知らないからどんな名選手を相手にしても怖くない

門田豊重（かどた・とよしげ）

1947年高知県土佐市宇佐町生まれ。宇佐中、高知中高を経て専修大学卒。民間企業で働いたあと宇佐に戻り、父親が創業した門田石油を継ぐ。漁船への燃料油供給が主な仕事だったが、漁業の不振に伴って給油船は廃業。現在は宇佐漁港にある「日本一小さい」ガソリンスタンドを経営している。野球界をはじめさまざまな分野に人間関係が広い。

浜村 孝（はまむら・たかし）

1947年高知県土佐市宇佐町生まれ。宇佐中から高知商に進み、1965年の第1回プロ野球ドラフト会議で西鉄から1位指名され入団。巨人に移籍後の1972年2月、グラウンド外の事故によって選手生命を絶たれる。民間会社で働いたあと1988年から5年間、ロッテでコーチ。現在は宇佐町に戻り、魚の天日干しを製造販売する浜村海産を営んでいる。

二神昌彦（ふたがみ・まさひこ）

1947年高知県須崎市生まれ。高知中高から東海大卒。1級建築士。㈱フタガミ会長。高知市の建設会社で働いたあと、父親が創業した二神木工に入社。社名をフタガミと変え、建築やホームセンター部門を拡大して年商100億円のフタガミグループを作り上げた。傍ら生態系の維持に向け、木の家造りや植林の手入れ、里山造り、ミツバチの飼育などに取り組んでいる。

依光隆明（よりみつ・たかあき）

1957年高知市生まれ。1981年高知新聞に入り、2001年高知県庁の不正融資を 暴く「県闇融資」取材班代表として日本新聞協会賞を受賞。社会部長を経て2008年朝日新聞に移り、特別報道部長など。2012年福島第一原発事故に焦点 を当てた連載企画「プロメテウスの罠」の取材班代表で再び日本新聞協会賞 を受賞。共著に『黒い陽炎―県闇融資究明の記録』（高知新聞社）、『プロメテ ウスの罠』（学研パブリッシング）、『「知」の挑戦本と新聞の大学 I』（集英社 新書）、『レクチャー現代ジャーナリズム』(早稲田大学出版部）などがある。

白球黄金時代

門田豊重、浜村孝が語る高知県宇佐野球物語

2021年 5月10日　初版発行

著　者　依光 隆明
発行人　木村 浩一郎
発行・発売　リーダーズノート出版
〒114-0014　東京都北区田端6-4-18
電話：03-5815-5428　FAX：03-6730-6135
http://www.leadersnote.com
協　力　株式会社フタガミ
装　丁　塩崎 弟
D T P　古川 隆士
印刷所　株式会社平河工業社

ISBN 978-4-903722-86-3　C0095